L'ORGUEIL

LA DUCHESSE

LES
SEPT PÉCHÉS CAPITAUX

—

— Première partie —

L'ORGUEIL

II

SOUS PRESSE :

L'ENVIE — LA COLÈRE — LA LUXURE
— LA PARESSE —
L'AVARICE — LA GOURMANDISE

Imprimerie Lacrampe fils et Comp., rue Damiette, 2.

L'ORGUEIL
LA DUCHESSE

LES SEPT PÉCHÉS CAPITAUX
PAR E. SUE

PÉTION ÉDITEUR N° 11 RUE DU JARDINET

1849

I

Quelques jours après les funérailles de madame de Beaumesnil, M. de Maillefort, sortant du douloureux accablement où l'avait plongé la mort de la comtesse, et songeant à l'exécution des dernières volontés de cette malheureuse femme au sujet de l'orpheline, sentit toute la difficulté de la mission dont il s'était chargé.

Comment, en effet, retrouver cette jeune fille que madame de Beaumesnil lui avait si instamment recommandée ?

A qui s'adresser pour recueillir des renseignements ou des indications capables de le mettre sur la voie ?

Et comment surtout prendre des informations si délicates sans compromettre la mémoire de madame de Beaumesnil, et le secret dont elle avait voulu entourer l'accomplissement de sa volonté suprême au sujet de cette orpheline inconnue, sa fille naturelle? car M. de Maillefort ne pouvait plus en douter.

En rassemblant ses souvenirs, le bossu se rappela que la comtesse, le jour de sa mort, lui avait envoyé une femme de chambre de confiance, afin de l'inviter à se rendre au plus tôt à l'hôtel de Beaumesnil.

« Cette femme est depuis très longtemps au service de madame de Beaumesnil, — pensa le marquis; elle pourra peut-être m'apprendre quelque chose. »

Le valet de chambre de M. de Maillefort, homme sûr et dévoué, fut chargé d'aller trouver madame Dupont, et l'amena chez le marquis.

— Je sais, ma chère madame Dupont, — lui-dit-il, — combien vous étiez attachée à votre maîtresse...

— Ah! monsieur le marquis.., madame la comtesse était si bonne!.. — répondit madame Dupont en fondant en larmes, — comment ne lui aurait-on pas été dévoué à la vie, à la mort !

— C'est parce que je connais votre dévoûment et le respect que vous avez pour la mémoire de cette excellente maîtresse, que je vous ai priée de venir chez moi, ma chère madame Dupont... il s'agit d'une chose fort délicate.

— Je vous écoute, monsieur le marquis.

— La preuve de confiance que m'a donnée madame de Beaumesnil en me mandant auprès d'elle le jour de sa mort, doit vous persuader, à l'avance, que les questions que je pourrai vous faire... sont d'un intérêt presque sacré... aussi je compte sur votre franchise et sur votre discrétion.

— Oh! vous pouvez y compter, monsieur le marquis.

— Je le sais... Maintenant, voici ce dont il s'agit... madame de Beaumesnil avait été depuis longtemps, je crois, chargée par une personne de ses amies, de prendre soin d'une jeune orpheline qui, par la mort de sa protectrice, se trouve à cette heure, peut-être, sans aucun appui... J'ignore le nom, la demeure de cette jeune fille... et il me serait urgent de la retrouver. Ne pourriez-vous, à ce sujet, me donner quelques renseignemens?

— Une jeune fille orpheline? — reprit madame Dupont en rassemblant ses souvenirs.

— Oui...

— Pendant dix ans que je suis restée au service de madame la comtesse, — reprit la femme de chambre après un nouveau silence, — je n'ai vu aucune jeune fille venir chez madame... comme particulièrement protégée par elle.

— Vous en êtes bien sûre?

— Oh! bien sûre... monsieur le marquis.

— Et madame de Beaumesnil ne vous a jamais chargée de quelque commission qui pouvait avoir rapport à la jeune fille dont je vous parle.

— Jamais, monsieur le marquis... Souvent on s'adressait à madame la comtesse pour des secours... car elle donnait beaucoup... mais je n'ai pas remarqué qu'elle donnât de préférence ou s'intéressât davantage à une personne qu'à une autre... et je crois que si madame avait eu quelque commission de confiance, elle ne se serait pas adressée à d'autres qu'à moi.

— C'est ce que j'avais pensé... et c'est pour cela que j'espérais me renseigner auprès de vous... voyons... cherchez... vous ne vous souvenez de rien qui puisse vous rappeler une jeune fille que madame de Beaumesnil protégeait particulièrement, et depuis longtemps ?

— Je ne me rappelle rien de cela, — reprit madame Dupont après de nouvelles réflexions ; — rien absolument, — ajouta-t-elle.

Le souvenir d'Herminie lui était, il est

vrai, un instant venu à l'esprit; mais la femme de chambre ne s'arrêta pas à cette pensée.

En effet, rien dans la conduite apparente de la comtesse envers Herminie, qu'elle avait reçue pour la première fois quelques jours avant sa mort, ne pouvait mettre madame Dupont sur la voie de cette protection spéciale, et depuis longtemps accordée à la jeune fille dont parlait le marquis.

— Allons, — dit celui-ci avec un soupir, — il faudra tâcher de me renseigner autrement.

— Pourtant, attendez donc... Monsieur le marquis, — reprit madame Dupont, — cela ne paraît avoir aucun rapport avec la jeune fille dont vous parlez... mais enfin... autant vous le dire...

— Voyons, qu'est-ce?

— La veille de sa mort, madame la comtesse m'a fait venir et m'a dit : « Vous allez « prendre un fiacre et vous irez porter cette « lettre chez une femme qui demeure aux « Batignolles, sans lui dire de quelle part « vous venez; vous la ramènerez avec vous... « et vous l'introduirez chez moi dès son ar- « rivée... »

— Et le nom de cette femme ?

— Oh ! un nom singulier, monsieur le marquis, je ne l'ai pas oublié... Elle se nomme *madame Barbançon.*

— Et vous l'avez vue souvent chez madame de Beaumesnil?

— Seulement cette fois-là, monsieur le marquis.

— Et cette femme... vous l'avez amenée chez madame de Beaumesnil?

— Non pas moi, monsieur le marquis.

— Comment cela?

— Après m'avoir donné le premier ordre dont j'ai parlé à monsieur le marquis, madame s'est ravisée et m'a dit, je me le rappelle bien :

« Tout bien considéré, madame Dupont,
« vous n'irez pas chercher cette femme en

« fiacre... cela aurait l'air d'un mystère...
« Faites atteler ma voiture, donnez la lettre
« à un valet de pied, et qu'il la porte à
« cette personne en lui disant qu'il vient la
« chercher de la part de madame de Beau-
« mesnil. »

— Et l'on a été ainsi chercher cette femme ?

— Oui, monsieur le marquis.

— Et madame de Beaumesnil s'est entretenue avec elle ?

— Pendant deux grandes heures, monsieur le marquis.

— Et quel âge a-t-elle ?

— Au moins cinquante ans, monsieur

le marquis... et c'est une femme du commun.

— Et ensuite de son entretien avec la comtesse ?

— La voiture de madame l'a reconduite chez elle, aux Batignolles.

— Et depuis, vous n'avez pas revu cette femme à l'hôtel Beaumesnil?

— Non, monsieur le marquis.

Après être resté quelque temps pensif, le bossu, s'adressant à madame Dupont :

— La femme dont vous me parlez se nommait, dites-vous ?

— Madame Barbançon...

Le bossu écrivit ce nom sur un portefeuille et reprit :

— Elle demeure ?

— Aux Batignolles.

— Quelle rue ? quel numéro ?

— Je n'en sais rien, monsieur le marquis. Je me rappelle seulement que le valet de pied nous a dit que la maison où elle logeait était dans une rue très déserte et qu'il y avait un jardin que l'on voyait de dehors à travers une petite grille en bois.

Le bossu, après avoir écrit ces renseignements sur son carnet, dit à madame Dupont :

— Je vous remercie de ces indications, les

seules que vous puissiez me donner... Malheureusement, peut-être elles seront inutiles pour les recherches dont je m'occupe... Si plus tard cependant vous vous rappeliez quelque fait nouveau qui vous parût propre à m'éclairer... je vous prie de m'en instruire.

— Je n'y manquerai pas, monsieur le marquis.

M. de Maillefort ayant généreusement récompensé madame Dupont, monta en fiacre et se fit conduire aux Batignolles.

Après deux heures de recherches et d'investigations, le bossu découvrit enfin la maison du commandant Bernard, où il ne trouva que madame Barbançon.

Olivier était parti depuis plusieurs jours avec son maître maçon, et le vétéran venait de sortir pour aller faire sa promenade habituelle dans la plaine de Monceau.

La ménagère ayant ouvert au bossu, fut désagréablement frappée de la laideur narquoise et de la difformité du marquis ; aussi loin de l'introduire dans l'appartement, elle resta sur le seuil de la porte, barrant pour ainsi dire le passage à M. de Maillefort.

Celui-ci, s'apercevant de l'impression peu favorable qu'il causait à la ménagère, la salua très poliment et lui dit :

— C'est à madame Barbançon que j'ai l'honneur de parler ?

— Oui, Monsieur... Qu'est-ce que vous lui voulez, à madame Barbançon ?

— Je désire, Madame, — répondit le bossu, — que vous vouliez bien m'accorder quelques instants.

— Et... pourquoi donc faire, Monsieur ? — demanda la ménagère en toisant le bossu d'un regard défiant.

— J'aurais, Madame, à vous entretenir de choses fort importantes.

— Moi... je ne vous connais pas.

— Et moi... Madame, j'ai l'avantage de vous connaître... de nom seulement... il est vrai...

— La belle histoire !... moi aussi, je connais de nom le Grand-Turc !

— Permettez-moi, ma chère Madame Barbançon, de vous faire observer que, chez vous, nous causerions infiniment plus à notre aise... que sur ce palier.

— Monsieur! — riposta aigrement la ménagère, — je n'aime à être à mon aise qu'avec les personnes qui m'en donnent envie.

— Je comprends parfaitement votre défiance, ma chère Madame, — reprit le marquis en dissimulant son impatience; — aussi, je me recommanderai d'un nom qui ne vous est pas inconnu.

— Quel nom?

— Celui de madame la comtesse de Beaumesnil.

— Vous venez de sa part, Monsieur, — dit vivement la ménagère.

— De sa part... non, Madame, — répondit tristement le bossu, en secouant la tête, — madame de Beaumesnil est morte.

— Ah! mon Dieu! morte... et depuis quand? pauvre chère femme!...

— Je vous en prie, Madame, entrons chez vous, et je vous répondrai, — reprit le marquis avec une sorte d'autorité, qui imposa à madame Barbançon très curieuse, d'ailleurs, de tout ce qui se rapportait à madame de Beaumesnil.

La ménagère introduisit donc le bossu dans le modeste appartement du commandant Bernard.

— Monsieur, — reprit la ménagère, —

vous disiez donc que madame la comtesse de Beaumesnil était morte?

— Il y a plusieurs jours, Madame... et justement le lendemain de l'entretien qu'elle a eu avec vous.

— Comment! Monsieur, vous savez?

— Je sais que madame de Beaumesnil s'est longtemps entretenue avec vous... et je viens accomplir une de ses dernières volontés, en vous remettant de sa part ces vingt-cinq napoléons.

Et le bossu fit voir à madame Barbançon une petite bourse de soie verte, dont les mailles laissaient briller l'or qu'elle renfermait.

Ces mots : vingt-cinq NAPOLÉONS, sonnaient

horriblement mal aux oreilles de la ménagère; le marquis eût dit vingt-cinq LOUIS, que l'impression de l'ennemie jurée de la mémoire de l'Ogre de Corse eût sans doute été différente.

Ainsi, loin de prendre l'or que le bossu lui offrait pour la tenter et la mettre en confiance, madame Barbançon, sentant renaître ses préventions, répondit majestueusement en repoussant d'un geste de dédain superbe la bourse qu'on lui offrait :

— Je ne reçois pas comme ça des NAPOLÉONS, (et elle accentua très amèrement ce nom détesté). — Non, je ne reçois pas comme ça des NAPOLÉONS... du premier venu... sans savoir... entendez-vous, monsieur ?

— Sans savoir... quoi ? ma chère madame.

— Sans savoir qui sont les gens qui disent des NAPOLÉONS, comme si de dire des *louis* leur écorcherait la bouche... Mais c'est connu, — ajouta-t-elle d'un ton sardonique. — Dis-moi qui tu hantes, je te dirai qui tu es. Suffit, vous êtes jugé...

— Je suis jugé ?

— Jugé et toisé... Maintenant, qu'est-ce que vous me voulez ? j'ai mon pot-au-feu à inspecter...

— Je vous l'ai dit, madame, je venais vous apporter une preuve de la gratitude de madame de Beaumesnil pour la discrétion... pour la réserve... que vous avez montrée lors de l'affaire... en question...

— Quelle affaire ?...

— Vous le savez bien...

— Pas du tout.

— Allons, ma chère madame Barbançon, mettez-vous en confiance avec moi, j'étais l'un des meilleurs amis de madame de Beaumesnil... et je n'ignore pas... que l'orpheline.. vous savez... l'orpheline...

— L'orpheline?

— Oui... une jeune fille... je n'ai pas besoin de vous en dire davantage... vous voyez bien que je suis instruit de tout?

— Alors... qu'est-ce que vous venez me demander, puisque vous savez tout?

— Je viens... dans l'intérêt de la jeune

fille... que vous connaissez... vous prier de me donner son adresse... j'ai à lui faire... une communication très importante...

— Vraiment?

— Sans doute...

— Voyez-vous ça?... — dit la ménagère d'un ton sardonique et pénétrant.

— Mais, ma chère madame Barbançon... qu'y a-t-il donc de si extraordinaire... dans ce que je vous dis?

— Il y a, — s'écria la ménagère en éclatant, — il y a que vous êtes un vieux roué!

— Moi!!

— Un malfaiteur, qui voulez me corrompre à force d'or...... pour me faire jaser.

— Ma chère madame, je vous assure...

— Mais votre bosse en serait pleine de... *napoléons*, voyez-vous... elle sonnerait l'or et vous m'autoriseriez à y fouiller et à y farfouiller... que je ne vous dirais pas un mot de ce que je ne veux pas dire... Ah!... ah!... voilà comme je suis bâtie, moi... c'est un peu plus *droit* que vous, ça, hein?... et ça vous vexe.

— Madame Barbançon, écoutez-moi, de grâce... vous êtes nne digne et honnête femme.

— Et je m'en vante...

— Et vous avez raison... Aussi, en votre

qualité d'excellente femme... vous m'écouterez et vous me répondrez... car...

— Ni l'un ni l'autre... Ah! vous vous êtes dit, vieux bombé : « Je m'en vas mettre les fers au feu pour tirer les vers du nez de madame Barbançon, afin de voir ce qu'elle a dans le ventre. » Mais minute... votre indécence est dévoilée... aussi je vous prie de me laisser tranquille...

— Un mot, de grâce... un seul mot, ma chère amie, — dit le marquis d'une voix affectueuse, en voulant prendre la main de la ménagère.

Mais celle-ci, se rejetant vivement en arrière, s'écria avec un effroi pudique et courroucé.

— Des attouchements!... jour de Dieu! Maintenant je comprends tout... l'offre de votre bourse. Ne m'approchez pas... affreux libertin... je vous ai vu venir... serpent... D'abord vous m'avez dit *Madame*... et puis... *ma chère madame*... maintenant... c'est *ma chère amie*... pour finir par *mon trésor*, n'est-ce pas?

— Madame Barbançon... je vous jure que...

— On me l'avait bien dit : ces gens *noués*, c'est pire que des singes! — s'écria la ménagère en se reculant encore. — Monsieur... si vous ne vous en allez pas... j'appelle les voisins... je crie à la garde... au feu...

— Eh! morbleu! vous êtes folle, — s'écria

le marquis, désolé de l'inutilité de ses tentatives auprès de madame Barbançon, qu'il pouvait supposer instruite d'une partie du secret de madame de Beaumesnil. — A qui diable en avez-vous, avec vos effarouchements? Vous êtes au moins aussi laide que moi, et nous ne sommes pas faits pour nous tenter l'un ou l'autre. Je vous le répète, pour la dernière fois, et pesez bien mes paroles, je viens ici pour tâcher d'être utile à une pauvre et intéressante jeune fille, que vous devez connaître... et si vous la connaissez... vous lui faites un tort irréparable... entendez-vous? en ne me disant pas où elle est, ou en ne m'aidant pas à la retrouver... Réfléchissez bien :... le sort, l'avenir de cette jeune fille sont entre vos mains,... et vous avez trop bon cœur, j'en suis sûr... pour vouloir nuire à une digne créature qui ne vous a jamais fait de mal.

M. de Maillefort parlait avec tant d'émotion ; son accent était à la fois si ferme, si pénétrant, que madame Barbançon revint d'une partie de ses préventions contre le marquis.

— Allons, monsieur, — lui dit-elle, — mettons que je me suis trompée en pensant que vous vouliez m'en conter...

— C'est bien heureux !

— Mais quant à vous dire un mot de ce que je ne dois pas dire, monsieur... vous aurez beau faire... vous n'y parviendrez pas... vous êtes un brave homme et vous n'avez que de bonnes intentions, c'est possible ; mais moi, je suis aussi une brave femme... je sais ce que j'ai à faire, et surtout à ne pas dire. Ainsi. Vous me couperiez en quatre, que vous ne m'arracheriez pas un traître mot... je ne sors pas de là; voilà mon caractère...

— Où diable la discrétion va-t-elle se nicher? — dit M. de Maillefort en quittant madame Barbançon, désespérant avec raison de rien obtenir de la digne ménagère, et voyant avec douleur la vanité de ses premières recherches au sujet de la fille naturelle de madame de Beaumesnil.

II

Deux mois s'étaient écoulés depuis la mort de madame de Beaumesnil.

Une grande activité régnait dans la maison de *M. le baron de La Rochaiguë*, nommé tuteur d'Ernestine de Beaumesnil par un conseil de famille, convoqué peu de temps après la mort de la comtesse.

Transportant et plaçant des meubles, les domestiques de M. de La Rochaiguë allaient et venaient, surveillés et dirigés par sa femme et par lui, ainsi que par sa sœur, *mademoiselle Héléna de La Rochaiguë,* fille de quarante-cinq ans environ, toute de noir vêtue : ses yeux toujours baissés, sa figure pâle et maigre, sa physionomie timide, son allure discrète et le sévère arrangement de sa coiffe blanche, lui donnaient l'aspect d'une sorte de religieuse, quoique mademoiselle Héléna n'eût prononcé aucun vœu monastique.

M. de La Rochaiguë, grand homme sec, de cinquante à soixante ans, avait le front chauve et fuyant, le nez busqué, le menton rentrant, l'œil bleu faïence à fleur de tête; il souriait presque toujours, découvrant ainsi des dents très blanches, mais trop longues, qui achevaient de donner à sa figure un caractère très analogue à celui de la race ovine. Le baron avait d'ailleurs les formes excellentes, tandis que, par son maintien et jusque par la coupe de son habit, toujours soigneusement boutonné à la hauteur de sa cravate blanche et de son jabot, il s'évertuait à se transformer en une copie vivante du portrait de *Canning*, le type parfait de *l'homme d'État gentleman*, — disait le baron.

M. de La Rochaiguë n'était pourtant pas homme d'État; mais, depuis longtemps, il espérait le devenir; en un mot, l'ambition de la pairie était tournée chez ce personnage (président d'un conseil général), à l'état de manie, d'idée fixe, de maladie chronique et dévorante. Se croyant un Canning inconnu, et ne pouvant se produire à la tribune de la chambre haute, il saisissait la moindre occasion de prononcer un *speach,* prenant ainsi le ton et l'attitude parlementaire, à propos des sujets les plus insignifiants.

Un des traits saillants de la manière oratoire du baron, était une redondance d'épithètes ou d'adverbes qui devaient, selon lui, *tripler* l'effet de ses plus belles pensées, et, pour employer la phraséologie du baron, nous dirons que rien n'était d'ailleurs plus *insignifiant, plus terne, plus vide...* que ce qu'il appelait... sa pensée.

Madame de La Rochaiguë, agée de quarante-cinq ans, avait été jolie, coquette et fort galante; sa taille était encore svelte; mais la recherche élégante et trop juvénile de sa toilette, contrastait toujours maladroitement avec la maturité de son âge.

La baronne aimait passionnément les plaisirs, le grand luxe, les fêtes magnifiques, et surtout à les diriger, à les présider en souveraine; malheureusement, ses revenus, bien qu'honorables, n'étaient nullement en rapport avec ses goûts d'énormes dépenses ; d'ailleurs elle se fût bien gardée de se ruiner; aussi trouvait-elle, en femme habile et économe, le moyen de jouir de la haute influence que donne une grande existence en se faisant, à l'occasion, *la patronesse* de ces étrangers obscurs, mais colossalement riches, météores splendides qui, après avoir brillé durant quelques années à Paris, disparaissent à jamais dans le néant de la ruine et de l'oubli.

Madame de La Rochaiguë se chargeait donc (ainsi qu'on dit en argot de bonne compagnie) *de faire un monde* à ces inconnus ; en un mot, elle leur imposait la liste des gens qu'ils devaient exclusivement recevoir, ne leur accordant pas même quelques invitations pour ceux de leurs amis ou de leurs compatriotes qu'elle ne jugeait pas dignes de figurer parmi la fine fleur de l'aristocratie parisienne.

La baronne, appartenant à la meilleure compagnie, lançait ses *clients* dans le plus grand monde, jusqu'au jour prévu de la ruine de ces étrangers; madame de La

Rochaiguë restait donc en réalité la maîtresse de leur maison ; seule, elle dirigeait, ordonnait les fêtes ; à elle seule, enfin, on s'adressait pour être porté sur les listes des élus appelés à ces somptueuses et élégantes réunions.

Il va sans dire qu'elle faisait sentir à ses *clients* l'indispensable nécessité d'une loge à l'Opéra et aux Italiens, où la meilleure place lui était réservée ; il en était de même pour les courses de Chantilly ou pour quelques excursions aux bains de mer ; les *clients* y louaient une maison, y envoyaient cuisiniers, gens, chevaux, voitures, et là madame de La Rochaiguë tenait ainsi table ouverte pour ses amis, le tout au nom du ménage.

Il y a dans le monde, et dans le plus grand

monde, une telle et si basse avidité de plaisirs, que, loin de se révolter de voir une femme de haute naissance se livrer à l'indigne exploitation de ces malheureux qu'une folle vanité conduisait à leur ruine, ce monde flattait, adulait madame de La Rochaigüe, suprême dispensatrice de ces fêtes splendides, et qu'elle-même se targuait effrontément de tous les avantages qu'elle devait à son patronage intéressé ; du reste, spirituelle, rusée, insinuante, et partant très comptée, madame de La Rochaiguë, était une des sept ou huit femmes qui ont une véritable influence sur ce qu'on appelle le monde à Paris.

Les trois personnes dont nous parlons, présidaient aux derniers arrangements d'un grand appartement restauré, doré et meublé à neuf avec un luxe inouï, occupant tout le premier étage d'un hôtel situé dans le faubourg Saint-Germain.

M. et madame de La Rochaiguë quittaient ce logement pour aller s'établir au second dont une partie était habitée par mademoiselle de La Rochaiguë et l'autre avait jusqu'alors servi à loger le gendre et la fille de M. de La Rochaiguë, lorsqu'ils venaient de leur terre où ils résidaient ordinairement, passer deux ou trois mois à Paris.

Naguère presque délabré et meublé avec une extrême parcimonie, ce vaste appartement, alors si splendide, était destiné à mademoiselle Ernestine de Beaumesnil; sa santé, suffisamment rétablie, lui permettait de revenir en France; elle devait arriver le jour même d'Italie, accompagnée de sa gouvernante et d'un intendant ou homme d'affaires que M. de La Rochaiguë avait envoyé à Naples pour y chercher l'orpheline.

Il est impossible d'imaginer les soins minutieux que le baron, sa sœur et sa femme apportaient à l'arrangement des pièces destinées à mademoiselle de Beaumesnil.

Les moindres circonstances révélaient l'empressement, l'obséquiosité exagérée, pour ne rien dire de plus, avec lesquels mademoiselle de Beaumesnil était attendue... Il y avait même quelque chose d'insolite et presque d'attristant, dans l'aspect de tant de somptueuses et vastes pièces consacrées à l'habitation de cette enfant de seize ans, qui semblait devoir se perdre dans ces appartements immenses.

Après un dernier coup d'œil jeté sur ces préparatifs, M. de La Rochaiguë assembla ses gens, et saisissant cette belle occasion de prononcer un *speach*, prononça ces mémorables paroles avec sa majesté habituelle :

— Je rassemble ici mes gens, pour leur apprendre, leur déclarer, leur signifier que mademoiselle de Beaumesnil, ma cousine et pupille doit arriver ce soir; madame de La Rochaiguë et moi nous entendons... nous désirons... nous voulons... que nos gens soient aux ordres de mademoiselle de Beaumesnil avant que d'être aux nôtres... c'est dire à nos gens, qu'à tout ce que leur dira... leur ordonnera,.. leur commandera mademoiselle de Beaumesnil, ils doivent obéir aveuglément, et comme si ces ordres leur étaient donnés par madame de La Rochaiguë ou par moi... Je compte sur le zèle... sur l'intelligence... sur l'exactitude de mes gens... Nous saurons reconnaître ceux qui se seront montrés remplis de bon vouloir, de soins, de prévenances pour mademoiselle de Beaumesnil.

Après cette belle allocution, les gens furent congédiés, et l'on donna ordre aux cuisines de tenir continuellement et toute prête une réfection chaude et froide, dans le cas où mademoiselle de Beaumesnil voudrait prendre quelque chose en arrivant.

Ces préparatifs terminés, madame de La Rochaiguë dit à son mari et à sa sœur :

— Nous devrions maintenant monter là-haut, pour bien nous recorder et convenir de nos faits.

— J'allais vous le proposer, ma chère, — dit M. de La Rochaiguë en souriant et montrant ses longues dents de l'air le plus courtois.

Ces trois personnages traversaient un des salons pour sortir de l'appartement, lorsqu'un des gens de M. de La Rochaiguë lui dit :

— Il y a là une demoiselle qui demande à parler à madame la baronne ?

— Qu'est-ce que c'est que cette demoiselle ?

— Elle ne m'a pas dit son nom; elle vient

pour quelque chose qui a rapport à feu madame la comtesse de Beaumesnil.

—Faites entrer,—dit la baronne.

Puis s'adressant à son mari et à sa belle-sœur :

— Qu'est-ce que ça peut être que cette demoiselle ?

— Je n'en sais rien... nous allons voir... — dit le baron d'un air méditatif.

— Quelque réclamation peut-être...— ajouta madame de La Rochaiguë. — Il faudra envoyer cela au notaire de la succession.

Bientôt le domestique ouvrit la porte et annonça :

—Mademoiselle Herminie.

Quoique toujours charmant, le joli visage de la *duchesse*, pâli, altéré par la douleur profonde que lui causait la mort de sa mère, révélait une tristesse difficilement contenue; ses beaux cheveux blonds, ordinairement déroulés en longues *anglaises*, se réunissaient alors en bandeaux autour de son noble front. Car la pauvre enfant abîmée dans son amer chagrin, n'avait pas, depuis deux mois, un instant songé aux innocentes coquetteries de son âge. Enfin... puérils... mais significatifs et navrants détails, les blanches et belles mains d'Herminie étaient nues... ses pauvres petits vieux gants, si souvent, si industrieusement recousus par elle, n'étaient plus mettables... et sa misère croissante ne lui permettait pas d'en acheter d'autres...

Hélas! oui... sa misère, car, frappée au

cœur par la mort de sa mère, et cruellement malade pendant six semaines, la jeune fille n'avait pu donner ses leçons de musique, sa seule ressource; ses minces épargnes étaient absorbées par les frais de sa maladie; aussi, en attendant le produit des leçons qu'elle recommençait depuis peu de jours. Herminie s'était vue obligée de mettre au Mont-de-Piété un couvert d'argent, acheté au temps de sa *richesse*; et du modique produit de cet emprunt elle vivait alors, avec une parcimonie que le malheur seul peut enseigner.

A l'aspect de cette pâle et belle jeune fille dont les vêtements, malgré leur minutieuse propreté, annonçaient une misère décente, le baron et sa femme se regardèrent fort surpris. Madame de La Rochaiguë dit à Herminie :

— Je suis madame de La Rochaiguë, Mademoiselle, qu'y a-t-il pour votre service ?

— Madame, — dit Herminie en rougissant d'orgueil, — je viens réparer une erreur, involontaire sans doute, et vous rapporter ce billet de cinq cents francs qui m'a été envoyé ce matin par le notaire de... feu madame la comtesse de Beaumesnil.

Malgré son courage, Herminie sentit les larmes lui monter aux yeux, en prononçant le nom de sa mère ; mais faisant un vaillant effort sur elle-même, afin de vaincre son émotion, elle tendit à madame de La Rochaiguë le billet de banque plié dans une lettre à son adresse, où on lisait :

A Mademoiselle Herminie, maîtresse de chant.

Madame de La Rochaiguë, ayant parcouru la lettre, répondit :

— Ah!... pardon... c'est vous, Mademoiselle, qui aviez été appelée auprès de madame de Beaumesnil, comme... musicienne ?

— Oui, Madame.

— Je me souviens qu'en effet le conseil de famille a décidé que l'on vous enverrait cinq cents francs pour vos honoraires; on a cru que cette somme...

— Suffisante... convenable... acceptable, — ajouta sentencieusement le baron en interrompant sa femme, qui reprit :

— Nous ne croyons donc pas, Mademoiselle, que vous veniez ici réclamer...

— Je viens, Madame, — dit Herminie avec un accent rempli de douceur et d'orgueil, — je viens vous rendre cet argent... j'ai été payée...

Aucun des acteurs de cette scène ne sentit, ne pouvait sentir ce qu'il y avait de douleur amère dans ces mots :

J'ai été payée.

Mais la dignité, le désintéressement d'Herminie, désintéressement que la pauvreté si apparente des vêtements de la jeune fille rendait plus remarquable encore, frappèrent surtout madame de La Rochaiguë, qui reprit :

— En vérité, Mademoiselle, je ne puis que louer la délicatesse d'un pareil procédé... La famille ignorait que vous eussiez déjà été rémunérée. Mais...—ajouta la baronne, en hésitant, car le grand air naturel d'Herminie lui imposait, — mais je crois pouvoir, au nom de la famille, vous prier de conserver ces cinq cents francs... comme... une gratification...

Et la baronne tendit le billet de banque à la jeune fille, en jetant de nouveau un regard sur ses pauvres vêtements.

Une seconde fois, la noble rougeur de l'orgueil blessé monta au front d'Herminie.

Il est impossible d'exprimer avec quelle convenance parfaite, avec quelle simplicité fière la jeune fille répondit à madame de La Rochaiguë :

—Veuillez, Madame, réserver cette généreuse aumône pour les personnes qui s'adresseront à votre charité...

Puis, sans ajouter un mot, Herminie salua madame de La Rochaiguë et se dirigea vers la porte du salon.

— Mademoiselle,... pardon,... dit vivement la baronne, — un mot encore... un seul?

La jeune fille se retourna... sans pouvoir cacher ses larmes d'humiliation péniblement contenues jusqu'alors, et dit à madame de La Rochaiguë qui semblait frappée d'une idée subite :

—Que désirez-vous, Madame?

Je vous prie d'abord, Mademoiselle, d'excuser une insistance qui a pu froisser votre délicatesse et vous faire croire peut-être que j'ai voulu vous humilier... mais je vous proteste que...

— Je ne crois jamais, Madame, que l'on veuille m'humilier, — répondit Herminie d'une voix douce et ferme, sans laisser madame de La Rochaiguë achever sa phrase.

— Et vous avez raison, Mademoiselle, — reprit la baronne, — c'est un sentiment tout contraire que vous devez inspirer ; maintenant, j'ai un service, je dirais même une grâce à vous demander.

— A moi... Madame?

— Vous continuez à donner des leçons de piano, Mademoiselle?

— Oui, Madame…

— M. de La Rochaiguë, — et elle désigna le baron qui souriait comme d'habitude, — est le tuteur de mademoiselle de Beaumesnil ; elle doit arriver ici ce soir.

— Mademoiselle de Beaumesnil ! — dit vivement Herminie avec un tressaillement et une émotion involontaire. — Elle arrive… ici ?… aujourd'hui ?

— Ainsi que madame la baronne a eu l'honneur de vous le dire, nous attendons ce soir mademoiselle de Beaumesnil, ma bien-aimée cousine et pupille, reprit le baron. Cet appartement lui est destiné, — ajouta-t-il en jetant un regard complaisant autour du magnifique salon, — un appartement digne en tout de *la plus riche héritière de France*... car... rien n'est trop...

La baronne interrompit son mari et dit à Herminie :

— Mademoiselle de Beaumesnil a seize ans, son éducation n'est pas complètement achevée... elle aura besoin de plusieurs professeurs ;... s'il pouvait donc vous convenir, mademoiselle... de donner des leçons de musique à mademoiselle de Beaumesnil... nous serions charmés de vous la confier...

Quoique, peu à peu, elle eût pressenti l'offre que venait de lui faire la baronne... Herminie, à cette pensée, qu'un hasard providentiel allait la rapprocher de sa sœur... Herminie fut si impressionnée qu'elle se fût

L'ORGUEIL.

sans doute trahie, si le baron, jaloux de saisir cette nouvelle occasion de *poser* en orateur, et ne donnant pas à la jeune fille le temps de répondre, n'eût ajouté en mettant, selon son habitude, sa main gauche entre les revers de son habit boutonné, tandis qu'il imprimait à son bras droit un mouvement de pendule des plus insupportables.

— Mademoiselle, si pour nous c'est un devoir sacré de veiller scrupuleusement,... rigoureusement,... prudemment,... au choix des maîtres auxquels nous confions notre chère pupille,... c'est aussi pour nous un plaisir,... un bonheur,... une satisfaction... de rencontrer des personnes qui, comme vous, mademoiselle, réunissent toutes les conditions désirables pour remplir l'emploi auquel elles se sont vouées dans l'intérêt sacré de l'éducation et des familles...

Ce *speach*, prononcé tout d'un trait et tout d'une haleine par le baron, toujours avide de s'exercer aux luttes de la parole, dans la prévision de cette pairie si ardemment désirée, cette tirade, disons-nous, donna heureusement à Herminie le temps de reprendre son sang-froid ; elle répondit à la baronne d'une voix presque calme :

— Je suis touchée, madame, de la confiance que vous m'accordez... j'espère vous montrer que j'en étais digne.

— Eh bien donc! mademoiselle, — reprit madame de la Rochaiguë, — puisque vous acceptez mes offres... nous vous ferons pré-

L'ORGUEIL. 57

venir dès que mademoiselle de Beaumesnil sera en état de prendre ses premières leçons, car, pendant quelques jours, il lui faudra sans doute se reposer des fatigues de son voyage.

— J'attendrai donc que vous vouliez bien m'écrire, madame, pour me présenter chez mademoiselle de Beaumesnil, dit Herminie en quittant le salon.

Avec quel attendrissement, avec quelle joie la jeune fille regagna sa modeste demeure.

Elle pouvait espérer de revoir sa sœur... de la voir souvent, car elle comptait sur toutes les ressources de sa tendresse cachée pour se faire aimer d'Ernestine.

Sans doute et pour de toute-puissantes raisons puisées dans ce qu'il y a de plus pur dans le respect filial, dans ce qu'il y a de plus délicat, de plus élevé dans le noble sentiment de l'orgueil, Herminie devait à jamais taire à sa sœur le lien secret qui les unissait, ainsi qu'elle avait eu le courage de le taire à madame de Beaumesnil ; mais la perspective de ce rapprochement, peut-être prochain, jetait la jeune artiste dans un ravissement ineffable, lui apportait la plus inespérée des consolations.

Puis sa sagacité naturelle, jointe à un vague instinct de défiance envers monsieur et madame de La Rochaiguë, qu'elle voyait cependant pour la première fois, disait à Herminie que cette enfant de seize ans, que cette sœur qu'elle chérissait sans la connaître, aurait pu être confiée à des personnes plus dignes de sa tutelle. Si ses prévisions ne la trompaient pas, l'affection qu'Herminie espérait inspirer à sa sœur, pourrait donc avoir sur celle-ci une influence doublement salutaire.

Est-il besoin de dire que, malgré la gêne, la pénurie extrême où elle se trouvait, il ne vint pas un moment à la pensée d'Herminie de comparer l'opulence presque fabuleuse dont allait jouir sa jeune sœur, à sa condition à elle, pauvre artiste, exposée à tous les hasards de la maladie et de la pauvreté.

Les caractères généreux et fiers ont des rayonnements si chaleureux, qu'ils fondent parfois les glaces de l'égoïsme : ainsi, dans la scène précédente, la dignité d'Herminie, la grâce exquise et naturelle de ses manières avaient inspiré tant d'intérêt, imposé tant de considération à monsieur et à madame de La Rochaiguë, personnages cependant peu sympathiques, qu'ils s'étaient empressés de faire à la jeune fille l'offre dont elle se trouvait si heureuse.

La baronne, le baron et sa sœur, restés seuls après le départ d'Herminie, se retirèrent chez eux afin d'avoir une conférence importante au sujet de la prochaine arrivée d'Ernestine de Beaumesnil.

III

Lorsque madame de la Rochaiguë son mari et sa sœur furent réunis dans un salon du second étage, Héléna de la Rochaiguë qui, depuis la venue d'Herminie, avait semblé pensive, dit à la baronne d'une voix douce et lente :

— Je crois, ma sœur, que vous avez eu

tort de prendre cette musicienne comme maîtresse de piano pour Ernestine de Beaumesnil.

— Tort ? et pourquoi ? — demanda la baronne.

— Cette jeune fille paraît *Orgueilleuse*, — répondit Héléna avec la même placidité, — avez-vous remarqué avec quelle surprenante hauteur elle a rendu ce billet de cinq cents francs, quoique l'usure de ses vêtements prouvât suffisamment que cette somme lui aurait été nécessaire ?

— C'est justement cela qui m'a touchée, — reprit madame de la Rochaiguë ; — il y avait quelque chose de si intéressant dans cet orgueilleux refus d'une personne pauvre... il y avait tant de dignité naturelle dans ses manières, que j'ai été pour ainsi dire amenée malgré moi à lui faire l'offre que vous blâmez, ma chère sœur.

—L'orgueil n'est jamais intéressant, c'est le plus damnable des sept péchés capitaux,— reprit mielleusement Héléna ; — l'orgueil est le contraire de l'humilité chrétienne, sans laquelle il n'y a pas de salut — ajouta-t-elle — et je crains que l'influence de cette jeune fille ne soit pernicieuse à Ernestine de Beaumesnil.

Madame de La Rochaiguë sourit imperceptiblement en regardant son mari ; celui-ci répondit par un léger haussement d'épaules qui montrait assez le peu de cas que tous deux faisaient des observations d'Héléna.

Depuis longtemps habitués à considérer la dévote comme une personne parfaitement nulle, le baron et sa femme ne supposaient pas que cette vieille fille, d'une inaltérable douceur, d'un esprit borné, et qui ne disait pas vingt paroles en un jour, pût concevoir une idée en dehors de la pratique de ses habitudes de sacristie.

— Nous ferons notre profit de votre observation, ma chère sœur, — dit la baronne à Héléna. — Après tout, nous n'avons qu'un engagement insignifiant avec cette demoiselle. D'ailleurs votre observation nous conduit tout naturellement à l'objet de cet entretien...

Aussitôt le baron se leva, retourna prestement sa chaise afin de pouvoir s'appuyer sur son dossier, et donner ainsi toute l'ampleur convenable à ses gestes oratoires et à ses attitudes parlementaires. Déjà, mettant la main gauche sous le revers de son habit et balançant son bras droit, il s'apprêtait à parler, lorsque sa femme lui dit :

— Monsieur de La Rochaiguë, pardon, mais... vous allez me faire la grâce de laisser votre chaise tranquille et de vous asseoir... Vous voudrez bien dire votre opinion sans vous mettre en frais d'éloquence... causons tout simplement, ne pérorons pas... conservez votre puissance oratoire pour la tribune où vous arriverez infailliblement, mais aujourd'hui résignez-vous à parler tout bonnement comme un homme de beaucoup de tact et de beaucoup d'esprit... sinon... je vous interromps à chaque instant.

Le baron connaissait par expérience l'horreur profonde de sa femme pour ses *speach:* il retourna donc piteusement sa chaise et se rassit en soupirant.

La baronne prit la parole.

— Ernestine arrive ce soir... convenons donc de nos faits...

— C'est indispensable, — dit le baron, — tout dépend de notre bon accord... il faut que nous ayons les uns dans les autres la confiance la plus aveugle... la plus entière... la plus absolue !

— Sans cela, — reprit la baronne, — nous perdrons tous les avantages que nous devons attendre de cette tutelle.

— Car enfin, — dit le baron, — l'on n'est pas tuteur pour son plaisir.

— Il faut au contraire que cette tutelle ne nous rapporte que plaisir et profit, — reprit la baronne.

— C'est ce que je voulais dire, — riposta son mari.

— Je n'en doute pas, — répondit la baronne, et elle ajouta : — Posons d'abord bien en fait, qu'en ce qui touche Ernestine, nous n'agirons jamais isolément.

— Adopté, — dit le baron.

— C'est juste, — dit Héléna.

— Comme depuis longtemps nous avions absolument rompu avec la comtesse de Beaumesnil, dont le caractère m'a toujours été antipathique et insupportable, — reprit madame de la Rochaiguë, — nous n'avons pas la moindre donnée sur les sentiments d'Ernestine... Mais heureusement elle n'a pas seize ans, et en deux jours nous l'aurons pénétrée à fond... traversée à jour...

— Quant à cela, fiez-vous à ma sagacité, — dit le baron d'un air machiavélique.

— Je me fierai sans doute à votre pénétration, mais aussi un peu à la mienne, si vous le permettez, — répondit la baronne. — Du reste, quel que soit le caractère d'Ernestine, nous n'avons rien à changer à nos dispositions. La combler d'attentions, de prévenances, aller au-devant de ses moindres désirs, épier, deviner ses goûts, les flatter, l'aduler, l'enchanter, nous en faire, en un mot, chérir, adorer... voilà où il faut en arriver... c'est le but... Quant aux moyens, nous les trouverons dans la connaissance des habitudes et des sentiments d'Ernestine.

— Voici comment je résume la question... — dit le baron en se levant avec solennité. — Et d'abord... je pose en fait que...

Mais à un regard de sa femme, le baron se rassit aussitôt, et continua modestement :

—Il faut qu'en un mot, Ernestine ne pense, ne voie, n'agisse que par nous, voilà l'important.

« — La fin... justifie les moyens, — ajouta pieusement Héléna.

— Nous avons d'ailleurs parfaitement engagé la partie, — reprit la baronne. — Ernestine nous saura infailliblement bon gré de nous être retirés au second pour lui abandonner le premier étage de l'hôtel, qui a coûté près de cinquante mille écus à restaurer, à dorer et à meubler pour son usage.

— Dorures, meubles et restaurations qui nous resteront, bien entendu, puisque la maison est à nous, — ajouta le baron d'un air guilleret, — car, avant tout, il fallait loger décemment *la plus riche héritière de France*... ainsi que cela a été réglé dans le conseil de famille.

— Arrivons maintenant à la question la plus importante, la plus délicate de toutes, — reprit la baronne, — à la question des prétendants qui vont indubitablement surgir de toutes parts...

— C'est certain, — dit le baron, en évitant de regarder sa femme.

Héléna ne prononça pas une parole, mais parut redoubler d'attention...

La baronne poursuivit :

— Ernestine a seize ans, elle est en âge d'être mariée... aussi notre position auprès d'elle doit-elle nous donner une influence énorme dans le monde... car l'on croira... (et l'on ne se trompera pas) que nous aurons l'action la plus décisive sur le choix de notre pupille.

— C'est bien le moins, — dit le baron.

— Cette influence nous est déjà tellement acquise depuis que nous avons la tutelle,— reprit la baronne, — que beaucoup de gens, et des plus considérables par leur position ou par leur naissance, ont fait et font journellement toutes sortes de démarches et même de bassesses auprès de moi... pour se *mettre bien dans mes papiers,* comme on dit vulgairement, nous pouvons donc tirer un immense parti d'une pareille clientèle.

— Et moi donc,— dit le baron, — des personnes que je ne voyais plus depuis des siècles, et avec qui j'étais même en froideur ou en assez mauvais termes, ont fait mille platitudes pour renouer avec moi leurs anciennes relations... L'autre jour, chez madame de Mirecourt, on faisait foule autour de moi... j'étais littéralement entouré... obsédé... étouffé...

— Il n'est pas, — reprit la baronne, — jusqu'à ce méchant marquis de Maillefort que j'ai toujours eu en exécration...

— Et vous avez raison, — s'écria le baron en interrompant sa femme, — je ne sais rien de plus sardonique, de plus déplaisant, de plus insolent que cet infernal bossu !

— Je l'ai vu deux fois. — dit à son tour pieusement Héléna, — il a tous les vices écrits sur le visage, il a l'air d'un Satan.

— Eh bien ! — reprit la baronne, — il y a qu'un jour ce Satan tombe chez moi comme des nues avec son aplomb ordinaire, quoiqu'il n'ait pas mis les pieds chez moi depuis cinq ou six ans... et il est déjà revenu plusieurs fois me voir le matin.

— J'espère bien que si celui-là... vous flatte et vous flagorne, — reprit le baron, — ce n'est pas pour son compte... à moins qu'il ne s'abuse étrangement.

— Évidemment, — reprit la baronne; — aussi je suis convaincue que M. de Maillefort s'est rapproché de nous avec une arrière-pensée, avec une prétention quelconque; or, je vous déclare que cette arrière-pensée... je la pénétrerai, et que, cette prétention, il ne me l'imposera pas.

— Maudit bossu! je suis désolé de le voir revenir ici, — reprit M. de la Rochaiguë, — c'est ma bête d'antipathie, ma bête noire... ma bête d'horreur.

— Eh! mon Dieu! — reprit la baronne avec impatience, — il n'y a pas de bêtes d'horreur qui fassent, il faut subir le marquis... Et d'ailleurs, si un homme ainsi posé nous fait de telles avances, que sera-ce des autres? Avant tout, cela prouve notre influence. Sachons donc en tirer parti de plus d'une façon, et, cette première *monture* épuisée, nous serons bien malhabiles si nous n'amenons pas Ernestine à un choix très avantageux pour nous-mêmes.

— Vous posez les questions à merveille, ma chère, — dit le baron en redoublant d'attention, tandis qu'Héléna, non moins intéressée, rapprochait sa chaise de celle de son frère et de sa femme.

— Maintenant, — reprit la baronne, — devous-nous précipiter ou retarder le moment où il faudra qu'Ernestine fasse un choix?

— Très importante question! — dit le baron.

— Mon avis serait d'ajourner à six mois au moins toute détermination à ce sujet, — dit la baronne.

— C'est aussi mon avis, — s'écria le baron comme si les intentions de sa femme lui eussent causé une satisfaction secrète.

— Je pense absolument comme vous, mon frère, et comme vous, ma sœur, — dit Héléna, qui, silencieuse, mais profondément réfléchie, écoutait, les yeux baissés, ne perdant pas un mot de cet entretien.

— A merveille, — dit la baronne évidemment aussi très contente de ce commun accord, — c'est en nous entendant toujours ainsi que nous mènerons cette affaire à bien, car il va sans dire que nous nous jurons formellement, — ajouta la baronne d'un ton solennel, — que nous nous jurons, au nom de nos plus chers intérêts, de n'accepter aucun prétendant à la main d'Ernestine, sans nous en prévenir et sans nous concerter...

— Agir isolément et secrètement serait une trahison indigne, infâme... horrible, — s'écria le baron, semblant se révolter à la seule pensée de cette énormité.

— Jésus! mon Dieu! — dit Héléna en joignant les mains, — qui pourrait songer à une si vilaine traîtrise?

— Ce serait une infamie, — reprit à son

tour la baronne, — et plus qu'une infamie..., une insigne maladresse... Autant nous serons forts en nous concertant, autant nous serions faibles en nous divisant.

— L'union fait la force, — reprit péremptoirement le baron.

— Ainsi donc, sauf changement de résolution concertée entre nous trois, nous ajournons à six mois... tout projet sur l'établissement d'Ernestine, afin d'avoir le temps d'exploiter notre influence.

— Ces points résolus, — reprit la baronne, — arrivons à une chose qui ne manque pas de gravité : faudra-t-il, oui ou non, laisser à Ernestine sa souveraineté ? Cette madame Laîné, autant que j'ai pu me renseigner, est un peu au-dessus de la classe des femmes de chambre ordinaires ; elle est depuis deux ans auprès d'Ernestine, elle doit donc exercer une certaine influence sur elle.

— Une idée, s'écria le baron d'un air capable et profond, — il faut évincer la gouvernante ! la perdre dans l'esprit d'Ernestine !.. Ce serait très fort !

— Ce serait très... faible, — reprit la baronne.

— Mais, ma chère...

—Mais, Monsieur, il s'agit tout simplement de faire tourner cette influence à notre profit, d'avoir la gouvernante à notre discrétion, d'arriver à ce qu'elle n'agisse que selon nos instructions. Alors... cette influence de tous les moments, au lieu de nous être redoutable, nous pourra servir très puissamment.

— C'est juste... — dit Héléna.

— Le fait est que, sous ce point de vue, — dit le baron en réfléchissant, — la gouvernante peut être... très utile... très avantageuse, très serviable. Mais pourtant si elle refusait de se mettre dans nos intérêts, ou si nos tentatives pour nous concilier cette femme éveillaient la défiance d'Ernestine?...

— Il faudra d'abord s'y prendre adroitement, et je m'en charge... — dit la baronne. — Si nous pressentons que l'on ne peut gagner cette femme, alors nous en reviendrons à l'idée de M. de la Rochaiguë, nous évincerons la gouvernante.

Cet entretien fut interrompu par un des gens de la maison, qui vint dire à madame de La Rochaiguë :

— Madame la baronne, le courrier qui précède la voiture de Mademoiselle de Beaumesnil, vient de descendre de cheval dans la cour... il n'a qu'une demi-heure d'avance...

— Vite... vite... à notre toilette — dit la baronne dès que le domestique fut sorti.

Puis elle ajouta, comme par réflexion :

— Mais j'y pense... nous avons, comme cousins, porté pendant six semaines le deuil de la comtesse... il serait peut-être d'un bon effet de le porter encore... ce deuil? Tous les gens d'Ernestine sont en noir, et, par nos ordres, ses voitures seront drapées... Ne craignez-vous pas que si, pour les premiers temps, je m'habillais de couleur, cela ne parût désobligeant à cette petite?

— Vous avez raison, ma chère amie, — dit le baron, — reprenez votre deuil... ne fût-ce que quinze jours.

— C'est assez désagréable, — dit la baronne, car le noir me va... comme une horreur... Mais il est des sacrifices qu'il faut s'imposer. Quant à nos conventions, — ajouta la baronne. — aucune démarche isolée... ou secrète... au sujet d'Ernestine... c'est juré...

— C'est juré, dit le baron.

— C'est juré, fit Héléna.

Après quoi les trois personnages se séparèrent pour aller faire leur toilette du soir, et rentrèrent chacun dans son appartement.

Aussitôt après avoir quitté M. de la Rochaiguë et sa sœur, la baronne se renferma chez elle et écrivit à la hâte un billet ainsi conçu :

Ma chère Julie, la petite arrive ce soir... je serai chez vous demain sur les dix heures du matin, nous n'avons pas un moment à perdre; PRÉVENEZ QUI VOUS SAVEZ, *il faut bien nous entendre.*

Silence... et défiance...

L. de L. R.

Sur ce billet la baronne écrivit l'adresse suivante :

A Madame la vicomtesse de Mirecourt.

S'adressant alors à sa femme de chambre et lui remettant la lettre :

— Tout-à-l'heure, Mademoiselle, pendant que nous serons à table, vous porterez ceci à madame de Mirecourt... Vous prendrez un carton à dentelles comme si vous alliez faire une commission pour ma toilette.

Presqu'au même instant s'enfermant à double tour, le baron de son côté écrivait cette lettre :

M. de la Rochaiguë prie M. le baron de Ravil de vouloir bien l'attendre chez lui demain entre une heure et deux heures de l'après-midi; ce rendez-vous est très urgent.

M. de la Rochaiguë compte sur l'obligeante exactitude de M. de Ravil et lui offre ici l'assurance de ses sentiments les plus distingués.

Sur l'adresse de ce billet, le baron écrivit:

A Monsieur le baron de Ravil, 7, rue Godot-de-Mauroy.

Puis il dit à son valet de chambre :

— Vous allez envoyer quelqu'un jeter tout de suite cette lettre à la poste.

Enfin, mademoiselle Héléna, s'entourant des mêmes précautions que monsieur et madame de La Rochaiguë, écrivit secrètement, comme eux, la lettre suivante :

Mon cher abbé, ne manquez pas de venir demain à dix heures du matin, c'est justement notre jour de conférence.

Que Dieu soit avec nous.... L'HEURE EST VENUE. Priez pour moi comme je prie pour vous.

H. de L. R.

Sur ce billet, Héléna écrivit cette adresse :

A Monsieur l'abbé Ledoux, rue de la Planche.

IV

Le lendemain de la réunion de la famille de la Rochaigüe, trois scènes importantes se passaient chez différents personnages.

La première avait lieu chez M. l'abbé Ledoux, que nous avons vu administrer les derniers sacrements à madame de Beaumesnil.

L'abbé était un petit homme au sourire insinuant, à l'œil fin et pénétrant, à la joue vermeille, aux cheveux gris légèrement poudrés.

Il se promenait d'un air inquiet, agité, dans sa chambre à coucher, regardant sa pendule de temps à autre, et semblait attendre quelqu'un avec impatience.

Un bruit de sonnette se fit entendre, une porte s'ouvrit, et un domestique à tournure de sacristain annonça. *M. Célestin de Macreuse.*

Ce pieux fondateur de *l'œuvre de saint Polycarpe* était un grand jeune homme de bonnes manières, aux cheveux d'un blond fade, et dont la figure pleine, colorée, assez régulière du reste, aurait pu passer pour belle, sans sa remarquable expression de doucereuse perfidie et de suffisance contenue.

Lorsqu'il entra, M. de Macreuse baisa chrétiennement l'abbé Ledoux sur les deux joues, l'abbé lui rendit non moins chrétiennement ses baisers, et lui dit :

— Vous n'avez pas d'idée, mon cher Célestin, de l'impatience avec laquelle je vous attendais.

— C'est qu'il y avait aujourd'hui séance de *l'œuvre*, Monsieur l'abbé, séance orageuse s'il en fut ; vous ne pouvez concevoir l'esprit d'aveuglement et de révolte de ces malheureux-là... Ah ! que de peines pour faire comprendre à ces brutaux d'ouvriers tout ce qu'il y a pour eux d'inappréciable, d'ineffablement divin.. au point de vue de leur rédemption, dans l'atroce misère où ils vivent... Mais non, au lieu de se trouver très satisfaits de cette chance de salut et de marcher les yeux levés au ciel, ils s'obstinent à regarder ce qui se passe sur la terre... à comparer leur condition à d'autres conditions, à parler de leurs droits au travail, au bonheur... au bonheur!! cette autre hérésie!... C'est désespérant!

L'abbé Ledoux écoutait parler Célestin et le contemplait en souriant, songeant intérieurement à la surprise qu'il lui ménageait.

— Et pendant que vous prêchiez si sagement le détachement des choses d'ici-bas à ces misérables, mon cher Celestin. — dit l'abbé au jeune homme de bien, — savez-vous ce qui se passait ? Je m'entretenais de vous avec mademoiselle Héléna de la Rochaiguë... et savez-vous le sujet de notre conversation ? L'arrivée de la petite Beaumesnil...

— Que dites-vous ! — s'écria M. de Macreuse en devenant pourpre de surprise et d'espoir, — mademoiselle de Beaumesnil.

— Est à Paris depuis hier soir.

— Et mademoiselle de la Rochaiguë ?

— Est toujours dans les mêmes dispositions à votre égard... prête à tout pour empêcher que cet immense héritage ne tombe entre de mauvaises mains ,.. J'ai vu ce matin cette chère personne; nous nous sommes concertés, et ce ne sera pas notre faute si vous n'épousez pas mademoiselle de Beaumesnil.

— Ah ! si ce beau rêve se réalisait, — s'écria M. de Macreuse d'une voix âpre et palpitante en serrant les mains de l'abbé entre les siennes, — c'est à vous que je devrais cette fortune immense, incalculable !

— C'est ainsi, mon cher Célestin, que sont récompensés les jeunes gens pieux qui dans ce siècle pervers, donnent l'exemple des vertus catholiques, — dit l'abbé d'un air jovial et en chafriolant.

— Ah! — s'écria Célestin avec une expression de cupidité ardente, — une telle fortune, c'est comme un horizon d'or, j'en suis ébloui.

— Ce pauvre enfant comme il aime l'argent avec sincérité ! — dit l'abbé en souriant d'un air paterne, et en pinçant la joue rebondie de Célestin, — ainsi donc pensons au solide, et raisonnons serré... Malheureusement je n'ai pu décider cette opiniâtre madame de Beaumesnil à vous désigner au choix de sa fille par une sorte de testament... l'affaire eût été ainsi sûrement enlevée..... Forts de ces dernières volontés d'une mère mourante, mademoiselle de La Rochaiguë et moi nous chambrions la petite, qui consentait à tout... par respect pour la mémoire de sa mère... C'était superbe, ça allait de soi et sans conteste possible... mais à cela il ne faut plus songer...

— Pourquoi n'y plus songer ? — dit M. de Macreuse avec une certaine hésitation, et en attachant un instant ses yeux clairs et perçants sur ceux de l'abbé.

Celui-ci, à son tour, le regarda fixement.

Célestin baissa les yeux, et répondit en souriant :

— Quand je disais que nous ne devions pas renoncer peut-être à l'appui qu'une espèce de testament de madame de Beaumesnil aurait prêté à nos projets, c'était une simple supposition...

— D'écriture ?

Demanda l'abbé qui, à son tour baissa les yeux sous le regard audacieusement affirmatif de Célestin.

Il y eut un nouveau moment de silence,

ensuite duquel l'abbé reprit comme si ce dernier incident n'eût pas interrompu l'entretien.

— Il nous faut donc commencer une nouvelle campagne : les circonstances nous sont favorables, car nous avons les devants, le baron et sa femme n'ont encore personne en vue... pour Ernestine de Beaumesnil, à ce que m'a dit mademoiselle de La Rochaiguë qui est toute à nous... Quant à son frère et à sa femme, ce sont des gens très égoïstes, très cupides, il n'est donc pas douteux qu'une fois la chose engagée par nous de façon à leur donner des craintes sur notre réussite, ils ne se rangent de notre bord, s'ils y trouvent, bien entendu, de solides avantages ; et ces avantages, rien ne sera plus facile que de les leur assurer ; mais il faut d'abord nous emparer d'une position tellement forte.... qu'elle nous rende maîtres des conditions.

— Et quand ? et de quelle façon serai-je présenté à mademoiselle de Beaumesnil, monsieur l'abbé ?

— Cette urgente et grave question nous a fort préoccupés, mademoiselle Héléna et moi ; évidemment une présentation officielle, en règle, est impossible : ce serait tout compromettre en donnant l'éveil au baron et à sa femme sur nos prétentions ; il faut donc du secret, du mystère, de l'imprévu, afin d'exciter la curiosité, l'intérêt de mademoiselle de Beaumesnil ; or, cette présentation, pour avoir son effet, doit être étudiée au point de vue du caractère de cette jeune fille.

Célestin regarda l'abbé d'un air surpris et interrogatif.

— Laissez-nous faire, pauvre enfant, — lui dit l'abbé d'un ton d'affectueuse supériorité, — nous savons l'humanité sur le bout du doigt; ainsi donc, d'après les renseignements que j'ai pu recueillir, et surtout d'après les remarques de mademoiselle Héléna, de qui, sur certains sujets, la pénétration est aussi sûre que rapide, la petite Beaumesnil doit être très religieuse, très charitable. Et, particularité bonne à connaître, — reprit l'abbé, — mademoiselle de Beaumesnil fait de préférence ses dévotions à l'autel de Marie... prédilection très naturelle à une jeune fille...

— Permettez-moi de vous interrompre, monsieur l'abbé, — dit vivement Célestin.

— Voyons, mon cher enfant?

— Monsieur et madame de La Rochaiguë ne sont pas réguliers dans l'observance de leurs devoirs religieux, mais mademoiselle Héléna ne manque jamais un office?...

— Non, certes.

— Elle peut donc se charger tout naturellement de conduire mademoiselle de Beaumesnil à l'église de Saint-Thomas-d'Aquin, sa paroisse?

— Evidemment.

— Il sera bon que mademoiselle Héléna fasse, à partir de demain, ses dévotions à l'autel de Marie, où elle conduira sa pupille... à neuf heures du matin.

— C'est très facile...

— Ces dames prendront place, je suppose... à gauche... de l'autel...

— A gauche de l'autel... et pourquoi cela, Célestin?

— Parce que j'y serai, faisant mes dévotions au même autel que mademoiselle de Beaumesnil.

— A merveille! — dit l'abbé, — cela va tout seul... Mademoiselle Héléna se charge d'attirer sur vous l'attention de la petite, et, dès la première entrevue, vous voici admirablement posé... C'est parfaitement imaginé, mon cher Célestin.

— Ne m'attribuez pas la gloire de cette invention, monsieur l'abbé, — reprit Célestin avec une ironique modestie, — rendons à César ce qui appartient à César.

— Et à quel César attribuer l'heureuse idée de cette première entrevue, ainsi préparée ?

— A celui qui a écrit ces vers, monsieur l'abbé.

Et M. de Macreuse récita la tirade suivante avec un accent sardonique :

> Ah ! si vous aviez vu comme j'en fis rencontre,
> Vous auriez pris pour lui l'amitié que je montre.
> Chaque jour à l'église il venait d'un air doux
> Tout vis-à-vis de moi se mettre à deux genoux.
> Il attirait les yeux de l'assemblée entière
> Par l'ardeur dont au ciel il poussait sa prière, etc.

Tout est prévu, jusqu'à l'eau bénite à of-

L'ORGUEIL. 101

frir en sortant, — ajouta Macreuse. — Et
que l'on dise encore que les œuvres de cet
impie, de cet insolent histrion n'ont pas leur
moralité et leur utilité !

— Ma foi, reprit l'abbé en riant aux éclats,
— c'est de bonne guerre... Puisse le ciel faire
triompher la bonne cause, quelles que soient
les armes employées ! Allons, mon cher Célestin, bon courage ; nous sommes en excellente voie : vous êtes habile, insinuant,
opiniâtre, capable plus que personne de séduire cette orpheline par les oreilles et par
les yeux, pour peu qu'elle vous entende et
qu'elle vous voie ; et, à ce propos, soignez
toujours votre toilette, mettez-y plus de recherche ; rien d'affecté, mais du goût, une
simplicité très élégante ; voyons, regardez-

moi un peu... Oui, — reprit l'abbé, après une minute de contemplation, j'aimerais mieux, qu'au lieu de porter vos cheveux plats, vous leur fissiez donner une légère frisure. On ne prend pas seulement les jeunes filles avec des paroles.

— Soyez tranquille, monsieur l'abbé, je comprends toutes ces nuances ; les grands succès s'obtiennent souvent par de petits moyens... Ah !... ce succès... ce serait l'avenir le plus beau, le plus splendide qu'il ait été donné à un homme de rêver ! — s'écria Célestin, dont les yeux clairs brillèrent d'un ardent éclat.

— Et ce succès, — reprit l'abbé, il faut que vous l'obteniez ; toutes les ressources dont nous pouvons disposer... (et elles sont immenses... et de toutes sortes), nous les emploierons.

— Ah... monsieur l'abbé, dit Célestin avec onction, — que ne vous devrais-je pas?

— Ne vous exagérez pas ce que vous nous devrez, candide garçon, — dit l'abbé en souriant, — votre bon succès n'intéresse pas que vous seul...

— Comment cela? monsieur l'abbé.

— Eh! sans doute, votre réussite aurait une énorme portée... une influence incalculable... oui : à tous ces beaux petits messieurs qui font les esprits forts... à tous ces tièdes, à tous ces indifférents qui ne nous soutiennent pas assez vigoureusement, votre réussite prouverait en lettres d'or, en chiffres éblouissants, ce que l'on gagne à être toujours *avec nous, pour nous... et par nous....* Ceci était déjà quelque peu démontré, je crois, par la position considérable... inespérée pour votre âge... et pour... votre... naissance... inconnue, — ajouta plus bas l'abbé et en rougissant imperceptiblement, tandis que Célestin semblait partager le même embarras.

Puis le prêtre poursuivit :

— Allez, allez, mon cher Célestin... tandis que ces envieux et impudents petits grands seigneurs ruineront leur bourse et leur santé dans de sales orgies, dans de stupides et bruyants plaisirs, vous, mon cher enfant, venu on ne sait d'où... patronné, poussé, élevé par on ne sait qui... vous aurez, dans l'ombre, fait silencieusement votre chemin, et bientôt le monde restera stupéfié de votre inconcevable... et presque effrayante fortune...

— Ah! croyez... monsieur l'abbé... que ma reconnaissance...

L'abbé interrompit M. de Macreuse en lui disant avec un singulier sourire :

— Ne vous obstinez donc pas à parler de votre reconnaissance... on ne peut pas être ingrat avec nous... Vous pensez bien que nous ne sommes pas des enfants... nous prenons nos sûretés...

Et, répondant à un mouvement de M. de Macreuse, l'abbé ajouta :

— Et quelles sont ces sûretés ?... c'est le cœur et l'esprit de ceux à qui nous nous dévouons...

Puis, toujours paterne, l'abbé pinça de nouveau l'oreille du jeune homme de bien, et reprit :

— Maintenant, autre chose non moins importante. Qui n'entend qu'une cloche, n'entend qu'un son. Sans doute, mademoiselle Héléna... ne tarira pas sur vous auprès de la petite de Beaumesnil, dès que celle-ci vous aura remarqué. Mademoiselle de la Rochaiguë vantera sans cesse vos vertus, votre piété, la douceur angélique de votre figure, la gracieuse modestie de votre maintien... elle fera tout enfin pour monter, pour exalter au plus haut degré la tête de cette enfant à votre endroit ; mais il serait d'un effet excellent, décisif peut-être, que ces louanges vous concernant, trouvassent de l'écho ailleurs et fussent répétées par des personnes d'une position telle, que leurs paroles eussent une grande autorité sur l'esprit de la petite de Beaumesnil, qui s'énorgueillirait beaucoup de vous voir unanimement loué.

— Cela est vrai, Monsieur l'abbé, ce serait un coup de partie...

— Eh bien ! voyons, Célestin... parmi vos amies, vos prôneuses, vos fanatiques, quelle est la femme qui, selon vous, pourrait être priée de se charger de cette mission délicate... madame de Franville ?

— Elle est trop sotte... — dit Célestin.

— Madame de Bonrepos ? — poursuivit l'abbé.

— Elle est trop indiscrète et trop décriée.

— Madame Lefebure ?

— Elle est trop bourgeoise...

Et Célestin reprit, après un assez long silence :

— Il n'y a qu'une femme sur la discrétion et sur l'amitié de qui je puisse assez compter pour lui faire une pareille demande, c'est madame la duchesse de Senneterre...

— Ce serait parfait,... car la duchesse a une extrême influence dans le monde — reprit l'abbé en réfléchissant — et je crois que vous ne vous trompez pas... Je l'ai entendue plusieurs fois vous défendre ou vous prôner avec une chaleur... incroyable, et regrettant hautement que son fils Gerald ne vous ressemblât pas... l'effronté débauché... l'impie libertin.

Au nom de Gerald, la physionomie de M. de Macreuse se contracta ; il répondit avec un accent de haine concentrée :

— Cet homme m'a insulté... en face de tous... oh ! je me vengerai...

— Enfant, — reprit l'abbé toujours souriant, et paterne, *la vengeance se mange froide,* dit le proverbe romain, et il a raison... Souvenez-vous... et attendez... N'avez-vous pas déjà sur sa mère une grande influence ?

— Oui, oui, — reprit Célestin après un moment de réflexion. — Plus j'y pense, plus je crois que pour mille raisons c'est à madame de Senneterre que je dois m'adresser. Déjà, maintefois, j'ai pu juger de la solidité de l'intérêt qu'elle me porte... La confiance que je lui témoignerai en cette occasion, la touchera... je n'en doute point... Quant aux moyens de la mettre en rapport avec mademoiselle de Beaumesnil, je m'en entendrai avec elle... Ce sera chose facile, je pense...

— En ce cas, — reprit l'abbé, — il faudrait voir la duchesse le plus tôt possible.

— Il n'est que midi et demi, — dit Célestin en consultant la pendule. On rencontre souvent madame de Senneterre chez elle de une heure à deux... c'est le privilège des intimes seulement... J'y cours à l'instant.

— En vous y rendant, mon cher Célestin, — dit l'abbé, — réfléchissez bien... si vous ne voyez à cette ouverture aucun inconvénient... Quant à moi, j'ai beau songer... je n'y vois que des avantages...

— Et moi aussi, Monsieur l'abbé;... néanmoins je vais y réfléchir encore... Quant au reste, c'est bien convenu. Demain à neuf heures... à gauche de l'autel de la chapelle de la vierge... *à Saint-Thomas-d'Aquin?*

— C'est entendu, — reprit l'abbé, — je vais aller prévenir mademoiselle Héléna de nos arrangements ; demain à neuf heures elle sera à cette chapelle avec mademoiselle de Beaumesnil... je puis vous en répondre d'avance... Maintenant courez vite chez madame de Senneterre.

Après une dernière et chrétienne accolade échangée avec l'abbé Ledoux, Célestin se rendit chez madame la duchesse de Senneterre.

V

Dans la matinée du même jour où l'entretien précédent avait eu lieu entre l'abbé Ledoux et M. de Macreuse, madame la duchesse de Senneterre, ayant reçu une lettre très pressante, était sortie à dix heures contre son habitude ; de retour vers les onze heures et demie, elle avait aussitôt fait demander son fils Gerald. Le valet de chambre du jeune homme avait répondu à la femme de chambre de madame de Senneterre que monsieur le duc n'avait pas couché à l'hôtel.

Vers midi, un second et impatient message de la duchesse... Son fils n'était pas encore de retour; enfin, à midi et demi, Gerald parut chez sa mère, il s'apprêtait à l'embrasser avec une affectueuse gaîté, lorsque la duchesse le repoussa doucement, et lui dit d'un ton de reproche :

— Voilà trois fois que je vous fais demander, mon fils.

— Je rentre, et me voici... Que me veux-tu, chère mère?

— Vous rentrez,... Gerald,... vous rentrez, à cette heure ?... Quelle conduite !

— Comment ! quelle conduite !

— Écoutez-moi, — mon fils, — il est des choses que je ne veux,... que je ne dois pas savoir ; mais ne prenez pas pour de la tolérance ou pour de l'aveuglement la répugnance que j'éprouve à vous faire certaines observations...

— Ma chère mère, — dit Gerald, d'une voix à la fois respectueuse et ferme, — tu m'as trouvé... tu me trouveras toujours le plus respectueux, le plus tendre des fils ; je n'ai pas besoin d'ajouter que mon nom, qui est aussi le tien, sera partout et toujours honoré et honorable... Mais, que veux-tu ? j'ai vingt-quatre ans... je vis et je m'amuse en homme de vingt-quatre ans...

— Gerald, ce n'est pas d'aujourd'hui, vous le savez, que votre genre d'existence m'afflige profondément, et pour moi et pour vous; c'est à peine si vous voyez le monde où votre nom et votre esprit vous assignent une place si distinguée... et vous fréquentez continuellement la plus mauvaise compagnie.

—En femmes?... c'est vrai... et, pour moi, sous ce rapport... la mauvaise compagnie... est la bonne... Allons... ne te fâche pas... Je suis, tu le sais, resté toujours soldat pour la franchise du langage... j'avoue donc mon peu de faible pour les rosières... Mais j'ai le plus glorieux choix d'amis qui puisse rendre fier un galant homme... tiens : j'en ai un entre autres, le plus cher de tous, un ancien soldat de mon régiment... Si tu le connaissais, celui-là... chère mère, tu aurais meilleure opinion de moi, — ajouta Gerald en souriant, — car tu sais qu'on juge aussi des hommes par leurs amitiés...

— Il n'y a au monde que vous, Gerald, pour aller choisir vos amis intimes parmi les soldats... — dit la duchesse en haussant les épaules.

— Je le crois pardieu bien ! chère mère... il n'est pas donné à tout le monde... d'aller choisir ses amis sur le champ de bataille.

— D'ailleurs, je ne vous parle pas de vos

relations d'hommes, mon fils, je vous reproche de vous commettre avec d'indignes créatures.

— Elles sont si amusantes !...

— Mon fils...

— Pardon... bonne mère, — dit Gerald en embrassant la duchesse malgré elle ; — voyons, j'ai tort... oui... là... j'ai tort... d'avoir avec toi cette franchise de caserne ; mais pourtant...—ajouta-t-il, souriant et hésitant, — je ne voudrais certes pas te scandaliser encore... Et cependant... que veux-tu que je te dise, chère mère... on a vingt-quatre ans... c'est pour s'en servir... Je n'ai pas le goût des vestales... soit ;... mais aimerais-tu mieux me voir porter le trouble et la désolation dans toutes sortes d'honnêtes ménages?... — ajouta Gerald d'un ton comi-tragique, — et puis, vois-tu; j'ai essayé, j'ai même réussi... Eh bien ! franchement... (par vertu) j'aime mieux les lorettes... D'abord ça n'outrage pas la sainteté du mariage... et puis c'est plus drôle...

— Eh ! mon Dieu ! monsieur, je n'ai pas à me prononcer sur le choix de vos maîtresses, — reprit impatiemment la duchesse, — mais il est de mon devoir de blâmer sévèrement l'inconcevable légèreté de votre conduite... Vous ne savez pas le tort que cela vous fait...

— Quel tort ?

— Croyez-vous, par exemple, que s'il s'agissait d'un mariage...

— Comment, d'un mariage ? — s'écria Gerald, — mais je ne me marie pas, moi! diable!

— Vous me ferez, je l'espère, la grâce de m'écouter...

— Je t'écoute...

— Vous connaissez madame de Mirecourt?

— Oui... heureusement elle est mariée, celle-là... et tu ne me la proposeras pas : c'est bien la plus abominable intrigante!..

— C'est possible... mais elle est intimement liée avec madame de La Rochaiguë, qui est aussi de mes amies.

— Depuis peu, donc? car je t'en ai souvent entendu dire un mal affreux : que c'était la bassesse même, que c'était...

— Il ne s'agit pas de tout cela, — dit la duchesse, en interrompant son fils, — madame de La Rochaiguë a pour pupille mademoiselle de Beaumesnil, *la plus riche héritière de France...*

— Qui est en Italie?

— Qui est à Paris...

— Elle est de retour?

— D'hier soir..., et ce matin, à dix heures, j'ai eu chez madame de Mirecourt, une longue et dernière conférence avec madame de La Rochaiguë, car, depuis près d'un mois, je m'occupais de cette affaire dont je n'ai pas voulu vous dire un mot, sachant votre légèreté habituelle ; heureusement, tout a été jusqu'ici tenu si secret entre madame de La Rochaiguë, madame de Mirecourt et moi.... que nous avons le meilleur espoir.

— De l'espoir... pourquoi ? — dit Gerald, abasourdi.

— Mais pour la réussite de votre mariage avec mademoiselle de Beaumesnil...

— Comment ? mon mariage !... — s'écria Gerald, en bondissant sur sa chaise.

— Oui, votre mariage... avec *la plus riche héritière de France*, — reprit madame de Senneterre ; puis elle ajouta sans cacher son inquiétude :

— Hélas! toutes les chances seraient pour nous sans votre malheureuse conduite..., car les prétendants, les rivaux vont surgir de tous côtés... Ce sera une concurrence acharnée sans merci ni pitié... et Dieu sait combien, sans vous calomnier... on pourra vous desservir. Ah! si avec votre nom, votre esprit, votre figure, vous étiez cité comme un modèle de conduite et de régularité... comme cet excellent M. de Macreuse par exemple!

— Ah çà! ma mère... c'est sérieusement que vous pensez à ce mariage, — dit enfin Gerald, qui avait écouté sa mère avec une stupeur croissante.

— Si c'est sérieusement que j'y pense? vous me le demandez!

— Ma chère mère, je vous sais un gré infini de vos bonnes intentions ; mais, je vous le répète, je ne veux pas me marier...

Madame de Senneterre crut avoir mal entendu, se renversa brusquement dans son fauteuil, joignit les mains et s'écria d'une voix altérée :

— Comment... vous dites... que ?...

— Je dis ma chère mère, que je ne veux pas me marier...

— Mon Dieu ! mon Dieu ! c'est de la démence ! — s'écria madame de Senneterre. — Il refuse *la plus riche héritière de France!*

— Ecoute, ma mère, — reprit Gerald avec une gravité douce et tendre, — je suis honnête homme, et, comme tel, je t'avoue que j'aime le plaisir à la folie... je l'aime autant et plus qu'à vingt ans... je serais donc un détestable mari, même pour *la plus riche héritière de France.*

— Une fortune inouïe ! — répéta madame de Senneterre comme hébétée par le refus de son fils ; — plus de trois millions de rentes... en biens fonds ! !

— J'aime mieux le plaisir et la liberté.

— Ce que vous dites là est stupide, est indigne, — s'écria madame de Senneterre hors d'elle-même ; — mais vous êtes donc insensé ! !

— Que veux-tu, chère mère, — répondit

Gerald en souriant, — j'aime tout naïvement les gais soupers, les joyeuses maîtresses et l'indépendance... de la vie de garçon !... Vive Dieu !... j'ai encore devant moi six belles années fleuries, que je ne donnerais pas pour tous les millions de la terre ; et, de plus, — ajouta Gerald d'un ton noble et ferme, — jamais je n'aurai l'ignoble courage de rendre aussi malheureuse que ridicule une pauvre fille que j'aurai prise pour son argent... Et d'ailleurs, ma mère, tu sais bien que je n'ai pas voulu acheter un homme pour l'envoyer se faire tuer à ma place ; tu trouveras donc tout simple que je ne me vende pas aux millions d'une femme...

— Mais, mon fils !

— Ma chère mère, c'est comme ça... Ton

M. de Macreuse (et par intérêt pour lui, ne me le propose plus pour modèle, car je finirai par lui casser une infinité de cannes sur le dos), ton M. de Macreuse, qui est très dévot, n'aurait pas les mêmes scrupules que moi... qui suis un vrai païen... c'est probable... Mais, tel je suis, tel tu me garderas, et tel je t'aimerai plus tendrement que jamais, chère mère, — ajouta Gerald en baisant avec respect la main de la duchesse, qui le repoussa.

Il est des incidents singuliers.

A peine Gerald venait-il de prononcer le nom du protégé de sa mère et de l'abbé Ledoux, que le valet de chambre de la duchesse entra, après avoir frappé, et lui dit :

— M. de Macreuse désirerait parler à madame la duchesse ; c'est pour une affaire très importante et très pressée.

— Vous avez donc dit que j'étais chez moi? — demanda madame de Senneterre.

— Madame la duchesse ne m'ayant pas donné d'ordre contraire...

— C'est bien... priez M. de Macreuse d'attendre un instant, — dit madame de Senneterre au valet, qui sortit.

S'adressant alors à son fils, elle lui dit, non plus avec sévérité, mais avec une douloureuse émotion :

— Votre inconcevable refus m'accable et m'afflige à un point que je ne saurais vous dire... Aussi je vous en prie... je vous en prie en grâce... Gerald, attendez-moi un instant... je reviens tout-à-l'heure. Ah! mon fils, mon ami... vous ne pouvez vous imaginer l'affreux chagrin que vous me faites...

— Tiens... ma mère... ne me parle pas ainsi, — dit Gerald, touché de l'accent attristé de la duchesse. — Ne sais-tu pas combien je t'aime ?...

— Vous le dites... Gerald, j'ai besoin de le croire...

— Envoie donc promener cet animal de Macreuse, et causons... Je tiens à te convaincre que ma conduite est du moins honnête et loyale... Allons, tu me quittes... ajouta-t-il en voyant sa mère se diriger vers la porte.

— M. de Macreuse m'attend... — répondit la duchesse.

— Eh pardieu ! je vais lui faire dire qu'il s'en aille. Ne faut-il pas se gêner avec lui ?...

Et comme M. de Senneterre, voulant donner cet ordre, s'approchait de la cheminée pour sonner, sa mère l'arrêta et lui dit :

— Gerald... un autre de mes chagrins est de voir avec quelle aversion, je ne veux pas dire avec quelle jalousie trop significative, vous parlez d'un jeune homme de bien, dont la conduite exemplaire, dont la modestie, dont la piété, devraient servir de modèle à tous... Ah ! plût au ciel... que vous eussiez ses mœurs, ses vertus... vous ne préféreriez pas les coupables égarements qui perdent votre jeunesse, à un magnifique mariage qui assurerait votre bonheur et le mien.

Ce disant, madame de Senneterre alla rejoindre M. de Macreuse, et laissa son fils seul, en lui faisant promettre qu'il attendrait son retour.

VI

Lorsque la duchesse revint auprès de son fils, elle avait le teint coloré; l'indignation éclatait sur son visage, et elle s'écria en entrant :

— C'est à n'y pas croire... voilà qui est d'une audace !

— Qu'as-tu, ma mère?

— Ce monsieur de Macreuse, — reprit madame de Senneterre avec une explosion de courroux, — ce monsieur de Macreuse... est un drôle !

Gerald ne put s'empêcher de partir d'un grand éclat de rire, malgré l'agitation où il voyait sa mère, mais regrettant cette inopportune hilarité, il reprit :

— Pardon, ma mère... c'est qu'en vérité le revirement est si brusque, si singulier !... Mais j'y songe, — ajouta sérieusement cette fois Gerald. — Est-ce que cet homme... aurait manqué d'égards envers toi ?

— Est-ce que ces gens-là manquent jamais de formes ? — répondit la duchesse avec dépit.

— Alors ma mère... d'où te vient cette colère ?... Tout à l'heure... tu ne jurais que par ton M. de Macreuse, et...

— D'abord, je vous prie de ne pas dire : MON M. de Macreuse, — s'écria impétueusement madame de Senneterre en interrompant son fils. — Savez-vous le but de sa visite ?... Il venait me prier de dire de lui tout le bien que j'en pense. (Il est joli maintenant, le bien que j'en pense !)

— A qui le dire ? Et pourquoi faire ?

— A-t-on idée d'une pareille audace !

— Mais dans quel but cette recommandation, ma mère ?

— Comment, dans quel but !... Ce Mon-

— Mais pourquoi donc cela ? ce costume te sied à ravir, au contraire.

— Allons donc, cela sent trop son acteur, — dit Gerald en riant.

— Comment, son acteur ! vous voilà scrupuleux à présent ?

— Voyons, chère mère, veux-tu que je ressuscite les procédés de séduction d'Elleviou, qui tirait, dit-on, un si prodigieux parti... du *collant ?*

— En vérité, Gerald... — dit la duchesse avec une expression de pudeur révoltée, — vous avez des idées...

— Dam... chère mère... c'est toi qui les as, ces idées... sans t'en douter ;... Mais sérieusement tu me présenteras à mademoiselle de Beaumesnil où tu voudras, quand tu voudras, comme tu voudras, à pied ou à cheval.... Tu vois que tu peux choisir.... Seulement je ne veux pas avoir recours aux indiscrétions du costume de jockey... Je n'ai pas besoin de ça, — ajouta Gerard avec une affectation de fatuité comique, — je saurai éblouir, fasciner mademoiselle de Beaumesnil par une foule de qualités morales... vénérables et conjugales.

— En vérité Gerard, vous êtes désolant... vous ne pouvez même traiter sérieusement les choses les plus importantes.

— Qu'est-ce que cela fait... pourvu que les choses s'accomplissent?

L'entretien de la duchesse et de son fils fut une seconde fois interrompu par le valet de chambre de madame de Senneterre, qui entra après avoir frappé.

— M. le baron de Ravil voudrait parler à Monsieur le duc pour une affaire très pressée, — dit le domestique ; il attend Monsieur le duc chez lui.

— C'est bien, — dit Gerald assez étonné de cette visite.

Le valet de chambre se retira.

— Quelle affaire peux-tu avoir avec M. de Ravil? — dit la duchesse à son fils, — je n'aime pas cet homme... On le reçoit partout, et je dois avouer qu'autant qu'une autre je donne réellement, sans savoir pourquoi, le mauvais exemple.

— C'est tout simple, son père, était un très galant homme, parfaitement apparenté ; il a mis son fils dans le monde ; une fois le pli pris, on a continué d'accepter de Ravil ; d'ailleurs il me déplaît fort. Je ne l'ai pas revu depuis le jour de ce drôle de duel du marquis et de M. de Mornand. Je ne sais ce que ce de Ravil peut me vouloir... et, à propos de ce cynique, on m'a cité hier un mot de lui qui le peint à ravir... Un pauvre garçon très peu riche lui avait obligeamment ouvert sa bourse ; voici comment de Ravil a reconnu cette obligeance : « *Où diable,* a-t-il
« dit, *ce nias-là a-t-il filouté les deux cents louis*
« *qu'il m'a prêtés ?*

— C'est odieux ! — s'écria la duchesse.

— Je vais donc me débarrasser de cet homme — reprit Gerald. — D'ailleurs quelquefois il n'est pas mauvais à entendre ; cette langue de vipère sait tout, est au fait de tout. Attends-moi, chère mère, dans un instant je reviens peut-être enthousiasmé de ce cynique personnage... Tu es bien revenue tout-à-l'heure exaspérée contre le Macreuse.

— Gerald, vous n'êtes pas généreux.

— Avoue, du moins, que, ce matin, chère mère, ni toi ni moi, n'avons pas la chance... pour les bonnes connaissances...

Et M. de Senneterre alla rejoindre de Ravil qui l'attendait.

VII

Gerald trouva M. de Ravil chez lui, et l'accueillit avec une politesse glaciale qui ne déconcerta nullement l'impudent personnage.

— A quoi dois-je attribuer, monsieur, l'honneur de votre visite ?—lui dit sèchement Gerald, en restant debout et sans engager de Ravil à s'asseoir.

Ce dernier reprit, très indifférent à cette froide réception :

— Monsieur le duc, je viens vous proposer une excellente affaire.

— Je ne fais pas d'affaires... Monsieur.

— C'est selon !

— Comment cela ?

— Voulez-vous vous marier, Monsieur le duc ?

— Monsieur... — dit Gerald avec hauteur, — cette question...

— Permettez monsieur le duc... je viens ici dans votre intérêt... et nécessairement aussi... dans le mien... Veuillez donc m'écouter, que risquez-vous? je vous demande dix minutes...

— Je vous écoute, monsieur, — dit Gerald, dont la curiosité était d'ailleurs assez excitée par cette question de de Ravil :—voulez-vous vous marier? — Question d'une singulière coïncidence, si l'on songe au dernier entretien de Gerald et de sa mère.

— Je reprends donc, monsieur le duc. Voulez-vous vous marier? Il me faut une réponse avant de poursuivre cet entretien.

— Mais monsieur... je...

— Pardon, j'oubliais d'accentuer suffisamment ma phrase... Donc : Voulez-vous faire un mariage fabuleusement riche, monsieur le duc?

—Monsieur de Ravil a quelqu'un à marier?

— Probablement,

— Mais vous êtes célibataire, homme du monde et d'esprit... mon cher monsieur... Pourquoi ne vous mariez-vous pas vous-même?

—Monsieur,... je n'ai pas de fortune, mon nom est assez insignifiant... Je suis, dit-on, quelque peu véreux, de plus, laid, et d'un commerce désagréable, et hargneux ; en un mot, je n'ai aucune chance pour arriver à un tel mariage... J'ai donc pensé à vous... monsieur le duc.

— Je vous sais gré de cette générosité, mon cher monsieur; mais, avant d'aller plus loin... permettez-moi une question assez délicate... Je ne voudrais pas, vous comprenez, blesser votre susceptibilité...

— J'en ai peu...

— Je m'en doutais. Eh bien! à quel prix mettez-vous votre généreux intérêt?

— Je demande *un et demi pour cent* de la dot, — reprit audacieusement le cynique.

Et comme Gerald ne put dissimuler le dégoût que lui causaient ces paroles, de Ravil reprit froidement :

— Je crois vous avoir prévenu qu'il s'agissait d'une *affaire?*

— C'est juste... monsieur.

— A quoi bon les phrases ?...

— A rien du tout; je vous dirai donc sans phrases, — reprit Gerald en se contenant, — que cet escompte de *un et demi pour cent* sur la dot ma paraît assez raisonnable.

— N'est-ce pas ?

— Certainement... mais encore faudrait-il savoir avec qui vous voulez me marier, monsieur, et comment vous parviendrez à me marier ?

— Monsieur le duc., vous aimez beaucoup la chasse ?

— Oui, monsieur.

— Vous la savez à merveille ?

— Parfaitement.

— Eh bien ! quand votre *Pointer* ou votre

Setter vous ont fait un arrêt ferme et sûr... ils ont accompli leur devoir, n'est-ce pas? le reste dépend de la précision de votre coup d'œil et de la prestesse de votre tirer?

— Si vous entendez par là, monsieur, qu'une fois que vous m'aurez dit : telle riche héritière est à marier... votre un et demi pour cent vous sera acquis... je...

— Permettez, monsieur le duc... je suis trop galant homme en affaires pour venir vous faire une semblable proposition; en un mot, je me fais fort de vous mettre dans une position excellente, sûre, inaccessible à tout autre... et vos avantages naturels, votre grand nom feront le reste...

— Et cette position?

— Vous sentez bien, monsieur le duc, que je ne suis pas assez *jeune*... pour vous dire mon secret avant que vous m'ayez donné votre parole de galant homme de...

— Monsieur de Ravil, — reprit Gerald en interrompant ce misérable qu'il avait grande envie de jeter à la porte, — la plaisanterie a suffisamment duré...

— Quelle plaisanterie, monsieur le duc?

— Vous comprenez bien, monsieur, que je ne peux pas répondre sérieusement à une proposition pareille... Me marier sous vos auspices... ce serait par trop plaisant.

— Vous refusez?

— J'ai cette... ingénuité.

— Réfléchissez... monsieur le duc... Rappelez-vous ce mot de Talleyrand...

— Vous citez beaucoup M. de Talleyrand?

— C'est mon maître... monsieur le duc.

— Et vous lui faites honneur... Mais voyons ce mot du grand diplomate.

— Le voici, monsieur le duc : *Il faut toujours se défier de son premier mouvement... parce que c'est ordinairement le bon...* Le mot est profond... faites-en votre profit.

— Pardieu! monsieur! vous ne savez pas combien ce que vous dites là est vrai et rempli d'à-propos... à votre endroit.

— Vraiment?

— J'ai devancé votre conseil; car si j'avais cédé au premier mouvement que m'a inspiré votre honnête proposition... (et ce mouvement était excellent...) je... vous aurais...

— Qu'auriez-vous fait, monsieur le duc?

— Vous êtes trop pénétrant pour ne pas le deviner, mon cher monsieur... et je suis trop poli... pour vous dire cela chez moi...

— Pardon, monsieur le duc, mais je suis pressé, et n'ai point le loisir de m'amuser aux charades... vous refusez mes offres?

— Oui.

— Un mot encore, monsieur le duc... Je dois vous prévenir que ce soir... il serait trop tard... dans le cas où vous vous raviseriez... car j'ai quelqu'un à mettre à votre place... j'avais même d'abord songé à ce quelqu'un là ; mais, après mûre réflexion, j'ai senti que vous réunissiez plus de chances de réussite que l'*autre*... Or, ce qu'il me faut à moi, c'est que l'affaire se fasse et que j'aie mon *un* et *demi* de commission sur la dot... mais si vous refusez, je reviens à ma première combinaison...

— Vous êtes du moins homme de précaution, mon cher monsieur... et je n'aurai pas le chagrin de voir manquer par mon refus... (car je continue de refuser) le gain loyal que vous poursuivez par des moyens si honorables... Seulement ne craignez-vous pas que j'aie l'indiscrétion d'ébruiter un peu votre curieuse industrie ?

— J'en serais ravi, monsieur le duc... cette révélation me servirait de *réclame* et m'attirerait des clients... Au revoir donc... monsieur le duc, je n'en serai pas moins, dans une autre occasion... tout à votre service...

Et après avoir profondément salué Gerald, de Ravil sortit aussi impassible qu'il était entré, et se rendit dans la rue de la Madeleine, où demeurait son ami de Mornand.

— Ce *ducaillon* a sans doute soupçonné qu'il s'agissait de mademoiselle de Beaumesnil, ce qui m'est fort égal, — se dit le cynique, — et il espère me voler en gagnant par lui-même la prime que je lui demandais sur la dot... C'est ignoble!... mais rien n'est désespéré... on ne me prend pas sans vert, moi... Pourtant, c'est dommage, ce garçon est duc, il est beau, assez spirituel... j'avais des chances; allons, il me faut en revenir à ce pataud de Mornand... J'ai bien fait de ne rien dire à ce vieux crétin de la Rochaiguë de mes visées sur le duc de Senneterre, il eût toujours été temps, si ce bel oison avait répondu à cette pipée, de détruire tout ce que j'ai échafaudé en faveur de Mornand, depuis six semaines, et de donner pour mot d'ordre à cette vieille rouée de madame Lainé, la gouvernante, *Senneterre* au lieu de *Mornand;* car, ce que je voudrai, la gouvernante le fera... elle est à moi... et elle peut m'être d'un secours immense... son intérêt me répond de son dévoûment et de sa discrétion. Heureusement encore j'ai trouvé l'endroit sensible du bonhomme la Rochaiguë... et sauf l'incident de ce rodomont de Senneterre, je n'ai qu'à tout raconter sincèrement (*sincèrement...* c'est drôle) à ce gros Mornand, qui doit m'attendre en hennissant d'impatience, afin de savoir le résultat de mon entretien avec le baron de la Rochaiguë.

En se livrant ainsi au courant de ses réflexions, M. de Ravil était arrivé dans la rue des Champs-Élysées où, pour la première fois, il avait rencontré Herminie, lorsque la jeune fille se rendait chez la comtesse de Beaumesnil.

« — C'est ici, — se dit de Ravil, — que j'ai
« vu cette jolie fille... cette bégueule... le
« jour du duel de Mornand avec le bossu;
« elle a passé la nuit à l'hôtel Beaumesnil,

« et, le lendemain, j'ai su par les gens de
« l'hôtel qu'elle était maîtresse de musique,
« s'appelait Herminie et demeurait rue de
« Monceau, du côté des Batignolles... En
« vain, j'ai rôdé par là... je n'ai pu la revoir...
« Je ne sais pourquoi diable cette charmante
« blonde me tient tant au cœur... Ah! si
« j'avais ma commission sur la dot de cette
« petite Beaumesnil, je me passerais la fan-
« taisie de cette musicienne, car, avec son
« air de duchesse, accompagné d'un para-
« pluie et d'une mauvaise robe noire... elle
« ne résistera pas, j'en suis sûr, à l'offre
« d'un bon petit établissement très peu légi-
« time... Elle doit crever de faim avec ses
« leçons... Allons, allons, chauffons le gros
« Mornand... il est bête, mais persévérant...
« d'une ambition féroce... Le bonhomme la

« Rochaiguë est très bien disposé... ayons
« bon espoir. »

Et de Ravil entra chez son ami intime.

VIII

— Eh bien! — dit M. de Mornand à de Ravil, dès qu'il le vit entrer dans son modeste cabinet de travail, encombré de liasses, de rapports imprimés et communiqués aux membres de la chambre des pairs, — eh bien! as-tu vu M. de la Rochaiguë?

— Je l'ai vu... tout marche à merveille.

— Tiens, de Ravil, je n'oublierai jamais ta conduite dans cette circonstance... Je le vois, c'est pour toi autant une affaire d'argent qu'une affaire de sincère et bonne amitié... Je t'en sais d'autant plus de gré, que, chez toi... la place du cœur n'est pas grande...

— Elle l'est assez pour toi... C'est tout ce qu'il me faut... Je suis ménager à cet endroit.

— Et la gouvernante? lui as-tu parlé?

— Pas encore.

— Pourquoi pas?

— Parce qu'il fallait être convenu de différentes choses entre nous... je te dirai quoi ; du reste, il n'y a pas de temps perdu, madame Lainé, la gouvernante, agira comme je voudrai... et quand je voudrai... Elle est à moi !...

— Que t'a dit M. de la Rochaiguë ? a-t-il été satisfait des renseignements qu'il a pris ? mes collègues et amis politiques m'ont-ils bien servi ? crois-tu que...

— Ah ! si tu ne me laisses pas parler...

— C'est que, vois-tu... depuis que la première pensée de ce mariage m'est venue... et j'ai une bonne raison pour ne pas oublier la date de ce jour-là, — ajouta M. de Mornand avec un sourire amer, — ce duel ridicule avec ce maudit bossu me la rappellera toujours, cette date... mais enfin depuis lors, te dis-je, ce mariage est pour moi une idée fixe... C'est qu'aussi, juge un peu, placé comme je le suis, quel levier qu'une telle fortune!... Le pouvoir, les plus grandes ambassades... c'est immense, te dis-je, c'est immense!

— As-tu fini?

— Oui... oui... je t'écoute.

— C'est heureux. Eh bien! tous les renseignements que M. de la Rochaiguë a obtenus sur toi corroborent ce que j'avais avancé : il a l'intime conviction que tôt ou tard tu dois arriver au ministère ou à une grande ambassade, mais que ton heure serait singulièrement avancée, si tu jouissais d'une position de fortune aussi considérable que celle que t'assurerait ton mariage avec mademoiselle de Beaumesnil. On préfère, quand par hasard ça se trouve, des ministres ou des ambassadeurs puissamment riches. On se figure que c'est là une garantie contre toutes sortes de vilenies. Donc, le bonhomme la Rochaiguë est certain que s'il arrange ton mariage avec sa pupille, une fois au pouvoir, tu le feras nommer pair de France ; or, si les pendus ressuscitaient, cet enragé se ferait pendre pour siéger au Luxembourg ; c'est sa manie, son infirmité, sa lèpre... ça le dévore, et tu penses bien que je l'ai gratté à vif là où il lui démangeait.

— Mon mariage fait... sa pairie est assurée, il est président d'un conseil-général depuis longues années... J'emporterai la nomination de haute lutte...

— Il n'en doute pas, et comme il est de mœurs antiques, il s'en rapporte à ta promesse, et promet d'agir immédiatement dans tes intérêts auprès de sa pupille...

— Bravo... et mademoiselle de Beaumesnil, qu'en dit-il? il doit avoir bon espoir?... si jeune.... si isolée... elle ne peut pas avoir de volonté..... on en fera ce qu'on voudra?

— Il ne la connaît que depuis hier... mais, grâce à quelques mots assez adroitement jetés... Il a cru deviner que cette petite personne a de grandes dispositions à être ambitieuse, vaniteuse à l'excès, et que la tête lui tournerait infailliblement à la pensée d'épouser un ministre ou un ambassadeur futur, afin d'avoir ainsi à la cour le pas sur une foule de femmes... d'une condition plus subalterne.

— C'est providentiel, — s'écria M. de Mornand, ne se possédant pas de joie, — et quand la verrai-je?

— A ce sujet... j'ai une idée... je n'ai pas voulu en faire part à la Rochaiguë avant de t'en parler.

— Voyons l'idée, — dit M. de Mornand, en se frottant joyeusement les mains.

Il est d'abord entendu que tu n'es pas beau... que tu es gros... que tu as du ventre... que tu as l'air horriblement commun... crois à ma sincérité, c'est un ami qui te parle.

— A la bonne heure ! — répondit de Mornand, en cachant le désagrément que lui causait la trop amicale franchise de de Ravil, — entre amis, on doit oser tout se dire et savoir tout entendre.

— La maxime est bonne... J'ajouterai donc que tu n'es ni séduisant, ni spirituel, ni aimable ; mais, heureusement, tu as mieux que cela... tu as... à ce qu'il paraît... un grand tact politique ; tu as fait une étude approfondie de tous les moyens à employer pour corrompre les consciences ; tu es né corrupteur comme on naît chanteur, et, de plus, tu jouis d'une éloquence à *jet-continu*, capable d'éteindre, de noyer la fougue des plus chaleureux orateurs... de l'opposition ; tu es appelé à devenir le *clyso-pompe*... que dis-je? la pompe à incendie du cabinet qui t'appellera dans son sein; de sorte que si, dans un salon, tu es lourd, empêtré, mal tourné, comme tous les gros hommes, une fois à la tribune, tu es imposant, ronflant triomphant, la balustrade cache ton ventre; sous ton habit brodé, ton buste tourne au majestueux, tu peux même prétendre à une belle tête.

— A quoi bon tout cela? — répondit de Mornand avec impatience, — tu sais bien que nous autres hommes politiques, nous autres hommes sérieux, nous ne tenons pas le moins du monde à être des freluquets, des *beaux*.

— Ce que tu dis-là est bête... comme tout, et il ne fallait pas m'interrompre... Je poursuis : Bien des choses dépendant d'une première impression : il faut donc tout de suite apparaître aux yeux de Mademoiselle de Beaumesnil sous ton plus brillant côté... afin de la fasciner... de la magnétiser. Comprends-tu cela?

— C'est juste... mais comment?...

— Tu dois parler dans trois jours à la chambre?

— Oui, sur la pêche de la morue... un discours très étudié.

— Eh bien! il faut que tu sois triomphant... poétique... attendrissant... pastoral... dans la pêche de la morue, et c'est facile, en se tenant toujours à côté de la question. Tu peux parler des pêcheurs, de leur intéressante petite famille, des tempêtes sur la grève, de la lune sur la dune, du commerce européen, de la marine, et autres balivernes.

— Mais je n'ai envisagé la question que sous le point de vue économique.

— Il ne s'agit pas d'économie, — s'écria de Ravil en interrompant son ami, — il faut au contraire prodiguer les trésors de ton éloquence pour éblouir la petite Beaumesnil... à l'endroit de la pêche de la morue.

— Ah çà ! tu es fou ?

— Ecoute-moi donc, gros innocent. Le bonhomme la Rochaiguë aura le mot, la

gouvernante aussi ; de sorte que demain et après-demain, la petite fille entendra dire autour d'elle, sur tous les tons : « C'est
« jeudi que doit parler à la chambre des
« pairs, le fameux, l'éloquent monsieur de
« Mornand, le futur ministre; tout Paris
« sera là, on s'arrache les billets de tribune..
« car, lorsque M. de Mornand parle... c'est
« un évènement. »

— Je comprends..., de Ravil, tu as le génie de l'amitié... — s'écria M. de Mornand.

— La Rochaiguë trouve naturellement le moyen d'amener mademoiselle de Beaumesnil à vouloir assister à cette fameuse séance, par curiosité; moi je les ai devancés; il est convenu que la Rochaiguë amusera l'infante aux bagatelles de la porte, qu'au moment où, montant à la tribune, tu auras ouvert le robinet... de ton éloquence... alors... je sors, je cours avertir le tuteur, qui entre avec sa pupille au plus beau moment de ton triomphe...

— C'est parfait !

— Et si parmi tes compères, tu peux, à charge de revanche, recruter une *claque* bien nourrie et lardée de : *Ah ! très-bien !... c'est évident ! bravo ! admirable*, etc., etc., la chose est enlevée.

— Encore une fois, c'est parfait, il n'y a qu'une chose qui me contrarie, — dit Mornand.

— Quoi ?

— Dès que j'ai parlé, cet enragé de Montdidier prend à tâche de me réfuter... Ce n'est ni un homme politique ni un homme pratique... mais il est mordant comme un démon ; il a l'audace de dire tout haut ce que beaucoup de gens pensent tout bas ; et si, devant mademoiselle de Beaumesnil... il allait...

— Homme de peu de ressources, rassure-toi donc ; dès que tu auras fermé ton robinet, et pendant que tu recevras les nombreuses félicitations de tes compères, nous nous exclamerons : *C'est admirable, étonnant, étourdissant ! c'est du Mirabeau, du Fox, du Sheridan, du Canning...* Il faut rester là-dessus..., ne rien entendre après cela, et nous sortons vite avec l'infante ; en suite de quoi cette enragé de Montdidier pourra venir à la tribune t'immoler, te ridiculiser tant qu'il lui plaira. Du reste, sois certain d'une chose, et je te gardais cela pour le bouquet... Tu te retirerais de la vie politique, tu dirais catégoriquement au bonhomme la Rochaiguë que tu ne peux pas le faire pair de France, que, grâce à une idée lumineuse qui m'est venue, non-seulement le baron pousserait encore de toutes ses forces à ton mariage, mais tu aurais aussi pour toi madame de la Rochaiguë et sa belle-sœur, tandis que maintenant, tout ce que nous pouvons espérer de plus avantageux, c'est qu'elles restent neutres....

—Mais, alors... pourquoi ne pas employer ce moyen... tout de suite?

— J'ai bien posé quelques jalons... hasardé quelques mots... mais j'ai tout laissé dans le vague...

— Pourquoi cela?

— Dam... c'est que je ne sais pas... moi, si cela te conviendrait... tu pourrais avoir des scrupules... et pourtant... on a vu les gens les plus honnêtes, les plus considérables... des rois même...

— Des rois? que je meure si je te comprends, de Ravil, explique-toi donc...

— J'hésite... les hommes placent quelquefois si singulièrement leur amour-propre!...

— Leur amour-propre?

— Après tout, on n'est pas responsable de cela ; que peut-on contre la nature?...

— Contre la nature? mais, en vérité, de Ravil, tu deviens fou! Qu'est-ce que tout cela signifie?

— Et dire que tu es assez heureux pour que les apparences soient pour toi... tu es gras... tu as la voix claire et presque pas de barbe...

— Eh bien! après?

— Tu ne comprends pas?

— Non...

— Et il se dit homme politique?...

— Que diable viens-tu me chanter là, de ma voix claire, de mon peu de barbe et de la politique.

— Mornand... tu me fais douter de ta sagacité ; voyons, que m'as-tu dit avant hier, à propos du projet de mariage de la jeune reine d'Espagne ?

— Avant-hier ?

— Oui, en me confiant un secret d'État surpris en haut lieu.

— Silence...

— Sois donc tranquille, je suis discret comme la tombe... rappelle-toi ce que tu me disais.

— Je te disais que si un jour l'on pouvait marier un prince français à la sœur de la reine d'Espagne, le triomphe de la diplomatie serait de donner pour mari à ladite reine un prince... qui offrît assez... de sécurité, assez... de garanties... par ses antécédents...

— Il paraît qu'en diplomatie.. de famille.. ils appellent ça des garanties et des antécédents... Vas toujours.

— Un prince, dis-je, qui offrît des garanties telles que la reine ne devant jamais avoir d'enfants... le trône appartiendrait plus tard aux enfants de sa sœur... c'est-à-dire à des princes français. Magnifique combinaison! — ajouta le futur ministre avec admiration. — Ce serait continuer la politique monarchique du grand roi : question européenne... question dynastique!

—Question de haut-de-chausses,—répondit de Ravil en haussant les épaules, mais il n'importe... l'enseignement est bon... profites-en donc.

— Quel enseignement ?

— Réponds-moi. Quels sont les seuls parents qui restent à mademoiselle de Beaumesnil ?

— M. de la Rochaiguë, sa sœur, et, après eux, la fille de M. de la Rochaiguë, qui est mariée en province.

— Parfaitement... De sorte que si mademoiselle de Beaumesnil mourait sans enfants ?...

— Parbleu ! c'est la famille la Rochaiguë qui hériterait d'elle... c'est clair comme le jour. Mais où diable veux-tu en venir ?

— Attends... Maintenant suppose que la famille de la Rochaiguë puisse faire épouser à mademoiselle de Beaumesnil un mari... qui présentât... ces... ces... *garanties*... ces *antécédents* rassurants dont tu me parlais tout à l'heure au sujet du choix désirable du mari de la reine d'Espagne... Est-ce que les la Rochaiguë n'auraient pas le plus immense intérêt à voir conclure un mariage... qui, devant être sans postérité... leur assurerait un jour la fortune de leur parente ?

— De Ravil... je comprends, — dit M. de Mornand d'un air cogitatif, et frappé de la grandeur de cette conception.

— Voyons... veux-tu que je te pose... aux yeux de la Rochaiguë comme un homme (sauf le sang royal) parfaitement digne d'être le mari d'une reine d'Espagne, dont le beau-frère serait un prince français? Songes-y... c'est rallier à toi la sœur et la femme du baron.

Après un long silence, le comte de Mornand dit à son ami d'un air à la fois diplomatique et majestueux:

— De Ravil... je te donne carte blanche.

IX

A la fin de cette journée, pendant laquelle Ernestine de Beaumesnil avait été à son insu l'objet de tant de cupides convoitises, de tant de machinations plus ou moins habiles ou perfides, la jeune fille, seule dans l'un des salons de son appartement, attendait l'heure du dîner.

La plus riche héritière de France était loin d'être belle ou jolie : son front trop grand, trop avancé, les pommettes de ses joues trop saillantes, son menton un peu long, donnaient à ses traits beaucoup d'irrégularité ; mais en ne s'arrêtant pas à cette première apparence, on se sentait peu à peu attiré par le charme de la physionomie de la jeune fille ; son front, trop prononcé, mais uni, mais blanc comme l'albâtre, et encadré d'une magnifique chevelure châtain-clair, surmontait des yeux bleus d'une bonté infinie, tandis qu'une bouche vermeille, aux dents blanches, au sourire mélancolique et ingénu, semblait demander grâce pour les imperfections du visage.

Ernestine de Beaumesnil, seulement âgée

de seize ans, avait grandi très rapidement ; aussi quoique sa taille élevée fût parfaitement svelte, droite et dégagée, la jeune fille, convalescente d'une longue maladie de croissance, se tenait encore parfois légèrement courbée ; attitude qui d'ailleurs rendait plus remarquable encore la gracieuse flexibilité de son cou d'une rare élégance.

En un mot, malgré sa vulgarité surannée, la comparaison d'*une fleur penchée sur sa tige...* exprimerait à merveille l'ensemble doux et triste de la figure d'Ernestine de Beaumesnil...

Pauvre orpheline abattue par la douleur que lui causait la mort de sa mère.

Pauvre enfant accablée sous le poids écrasant pour elle de son immense richesse.

Contraste bizarre... c'était un sentiment de touchant intérêt... nous dirions même de tendre pitié... que semblaient demander et inspirer la physionomie, le regard, l'attitude de cette héritière d'une fortune presque royale...

Une robe noire bien simple que portait Ernestine augmentait encore l'éclat de son teint, d'une blancheur délicatement rosée ; les mains croisées sur ses genoux, la tête penchée sur son sein, l'orpheline semblait triste et rêveuse.

La demie de cinq heures venait de sonner, lorsque la gouvernante de la jeune fille entra discrètement et lui dit :

— Mademoiselle peut-elle recevoir mademoiselle de la Rochaiguë ?

— Certainement, ma bonne Lainé, — répondit la jeune fille en tressaillant et sortant de sa rêverie, — pourquoi mademoiselle de la Rochaiguë n'entre-t-elle pas ?

La gouvernante sortit, et revint bientôt précédant mademoiselle Héléna de la Rochaiguë.

Cette dévotieuse personne n'aborda Ernestine qu'après deux profondes et cérémonieuses révérences, que la pauvre enfant s'empressa de rendre coup sur coup, surprise, presque peinée de voir une femme de l'âge de mademoiselle Héléna l'aborder avec cette obséquiosité.

— Je remercie mademoiselle de Beaumesnil de vouloir bien m'accorder un moment d'entretien,—dit mademoiselle Héléna d'un ton formaliste et respectueux, en faisant une troisième et dernière révérence, qu'Ernestine lui rendit encore; après quoi elle lui dit, avec un timide embarras :

— J'ai, à mon tour, mademoiselle Héléna, une grâce à vous demander...

— A moi?.., quel bonheur!.., dit vivement la protectrice de M. de Macreuse.

— Mademoiselle, je vous en prie...., ayez la bonté de m'appeler Ernestine...., au lieu de me dire : *Mademoiselle de Beaumesnil*..... Si vous saviez comme cela m'impose!

— Je craignais de vous déplaire, mademoiselle, en me familiarisant davantage.

— Dites-moi : Ernestine, et non : mademoiselle…. Encore une fois, je vous en prie, ne sommes-nous pas parentes? et, plus tard, si je mérite que vous m'aimiez, — ajouta la jeune fille avec une grâce ingénue, — vous me direz : ma chère Ernestine, n'est-ce pas?

— Ah mon affection vous a été acquise, dès que je vous ai vue, ma chère Ernestine, — répondit Héléna, avec onction, — j'ai deviné que la réunion de toutes les vertus…. chrétiennes, si désirables chez une jeune personne de votre âge… florissait dans votre cœur. Je ne vous parle pas de votre beauté… si charmante, si idéale qu'elle soit, car vous ressemblez à une madone de Raphaël. Mais — ajouta la dévote, en baissant les yeux, —

la beauté est un don fragile... et périssable aux yeux du Seigneur... tandis que les qualités dont vous êtes ornée, assureront votre salut.

A cette avalanche de louanges quasi-mystiques, l'orpheline éprouva un embarras mortel, ne sut que répondre et balbutia.

— Je ne mérite pas, Mademoiselle... de pareilles louanges... et... je ne sais.

Puis elle ajouta, très satisfaite de trouver un moyen d'échapper à ces flatteries qui, malgré son inexpérience, lui causaient une impression singulière :

— Vous avez quelque chose à me demander, Mademoiselle?

— Sans doute, dit Héléna,— je venais savoir vos ordres... pour l'office de demain.

— Quel office, Mademoiselle?

—Mais l'office où nous irons chaque jour...

Et comme Ernestine fit un mouvement de surprise, mademoiselle Héléna ajouta pieusement :

—Où nous irons chaque jour... prier pendant une heure pour le repos de l'âme de votre père et de votre mère...

La jeune fille n'avait pas eu jusqu'alors *d'heure fixe* pour prier... pour son père et sa mère.

L'orpheline priait presque tout le jour;

c'est-à-dire que, presqu'à chaque instant, elle songeait, avec un pieux respect, avec un ineffable attendrissement, aux deux êtres chéris qu'elle regrettait.

Cependant, n'osant pas se refuser à l'invitation de mademoiselle Héléna, Ernestine lui répondit tristement :

— Je vous remercie d'avoir eu cette pensée, Mademoiselle, je vous accompagnerai.

— La messe de neuf heures, — dit la dévote, — est la plus convenable... en cela qu'elle se dit à la chapelle de la Vierge, pour laquelle vous avez une dévotion particulière, m'avez-vous dit hier, Ernestine?

— Oui, Mademoiselle, en Italie... tous les dimanches... j'assistais à l'office dans la cha-

pelle de la Madone... c'était une mère aussi...
et je ne sais pourquoi je préférais lui adresser mes prières pour ma mère...

—Elles seront certainement plus efficaces, ma chère Ernestine, et puisque vous les avez commencées sous l'invocation de la mère du Sauveur, il faut les continuer... Ainsi nous ferons donc tous les jours nos dévotions à la chapelle de la Vierge, vers neuf heures du matin.

—Je serai prête, Mademoiselle.

— Alors, Ernestine, vous m'autoriserez à donner des ordres pour que votre voiture et vos gens soient prêts à cette heure.

—. Ma voiture? mes gens?

— Certainement, — dit la dévote avec emphase, —votre voiture drapée et armoriée ; un des valets de pied nous accompagnera dans l'église, portant derrière nous un sac de velours où seront nos livres de messe; vous savez bien que c'est l'usage chez toutes les personnes comme il faut.

— Pardon, mademoiselle ; mais à quoi bon tant d'appareil? je vais seulement à l'église pour prier; ne pourrions-nous y aller à pied ? Dans cette saison... le temps est si beau......

— Quelle admirable modestie dans l'opulence!—s'écria la dévote,—quelle simplicité dans la grandeur! Ah! Ernestine, vous êtes bénie du Seigneur! pas une vertu ne vous manque....; vous possédez la plus rare de toutes..., la sainte..., la divine humilité....., vous qui êtes cependant *la plus riche héritière de France!*

Ernestine regardait mademoiselle Héléna avec un nouvel étonnement.

La naïve enfant ne croyait pas avoir fait montre de si merveilleux sentiments, en désirant d'aller à la messe à pied, par une belle matinée d'été; sa surprise redoubla en entendant la dévote continuer, en s'exaltant presque jusqu'au ton prophétique :

— La grâce d'en-haut vous a touchée, ma chère Ernestine!.... Oh!..., oui..., tout me le dit, le Seigneur vous a bénie jusqu'ici en vous inspirant des sentiments profondément religieux....., en vous donnant le goût d'une vie exemplaire passée dans les exercices de la piété, ce qui n'exclut pas les honnêtes distractions que l'on peut trouver dans le monde.... Oui, Dieu vous protège, ma chère Ernestine, et bientôt, peut-être, il vous donnera une marque plus visible encore de sa toute-puissante protection.

La faconde de la dévote, ordinairement silencieuse et réservée, fut interrompue par l'arrivée de madame de la Rochaiguë, qui, moins discrète que sa belle-sœur, entra sans se faire annoncer.

La baronne, assez surprise de trouver Ernestine en tête-à-tête avec Héléna, jeta d'abord sur celle-ci un regard de défiance; mais la dévote reprit aussitôt un masque si béat, si peu intelligent, que les soupçons de la baronne s'effacèrent à l'instant.

L'orpheline se leva, et fit quelques pas devant madame de la Rochaiguë, qui, empressée, souriante, charmante et pimpante, lui dit le plus tendrement du monde, en lui prenant les deux mains :

— Ma chère et toute belle, je viens, si vous le permettez, vous tenir un peu compagnie jusqu'à l'heure du dîner..., car je suis jalouse du bonheur de ma chère belle-sœur.

— Combien vous êtes aimable pour moi, madame! répondit Ernestine sensible aux prévenances de la baronne.

Héléna se dirigeant alors vers la porte, dit à la jeune fille, afin d'aller ainsi au-devant de la curiosité de madame de la Rochaiguë :

— A demain matin, neuf heures, n'est-ce pas, c'est convenu?

Et après un affectueux signe de tête adressé à la baronne, Héléna sortit, reconduite jusqu'à la porte par mademoiselle de Beaumesnil.

Lorsque celle-ci revint rejoindre madame de la Rochaiguë, la baronne, regardant l'orpheline venir à elle, s'éloigna de quelque pas à reculons, à mesure qu'Ernestine s'approchait, et lui dit d'un ton d'affectueux reproche :

— Ah! ma chère petite belle, vous êtes incorrigible!...

— Comment donc cela, madame?

— Je suis, je vous l'ai dit, d'une franchise, oh! mais d'une franchise..., brutale..., impitoyable ; c'est un de mes défauts ; aussi je vous reprocherai encore......, je vous reprocherai toujours de ne pas vous tenir assez droite !.....

— Il est vrai, Madame... c'est malgré moi que je me tiens ainsi quelquefois courbée.

— Et c'est ce que je ne saurais souffrir... ma chère belle... Oui, je serai sans pitié, — reprit gaîment la baronne. — Je vous demande un peu à quoi bon cette délicieuse taille, si vous ne la faites pas mieux valoir... à quoi bon ce visage ravissant, aux traits si fins, si distingués, si vous le tenez toujours baissé. Il est pourtant charmant à voir.

— Madame...— dit l'orpheline non moins embarrassée des louanges mondaines de la baronne que des louanges mystiques de la dévote.

—Oh!... ce n'est pas tout, — reprit madame de la Rochaiguë avec un affectueux enjouement, — il faudra que je gronde bien fort cette excellente madame Lainé ; vous avez des cheveux admirables, et vous seriez mille fois mieux coiffée avec des *anglaises*... Votre port de tête est si naturellement gracieux et noble (quand vous vous tenez droite, bien entendu), que ces longues boucles vous iraient à merveille...

— J'ai toujours été coiffée comme je le suis, Madame... et je ne songeais pas à changer de coiffure, cela m'étant, je vous l'avoue, assez indifférent.

—Et c'est encore un reproche à vous faire, ma chère belle (vous voyez que je ne finis pas) : il faut que vous soyez coquette... certainement très coquette... ou plutôt... c'est moi qui le serai pour vous. Je suis si fière de ma charmante pupille, que je veux qu'elle éclipse les plus jolies.

—Je ne puis jamais avoir cette prétention, Madame, répondit Ernestine, en souriant doucement.

— Je voudrais bien que vous vous permissiez d'avoir des prétentions, Mademoiselle —reprit en riant la baronne — je n'entends pas cela du tout... c'est moi qui les aurai pour vous... ces prétentions... En un mot, je veux que vous soyez citée comme la plus jolie, la plus élégante des jeunes personnes... de même que vous serez un jour citée comme la plus élégante des femmes;... car, entre nous... je vous connais depuis hier seulement, ma chère belle. Eh bien! à certaines tendances, à des riens que j'ai remarqués en vous, je suis sure, et je vous l'ai déjà dit, que vous êtes née pour être, un jour, une femme à la mode...

— Moi, Madame? dit ingénument l'orpheline.

— J'en suis sûre... et n'est pas femme à la mode qui veut; il ne suffit pas pour cela d'avoir de la beauté, de la richesse, de la naissance, d'être *marquise* ou *duchesse*... quoique ce dernier titre relève singulièrement une femme... Non, non, il faut réunir à tous ces avantages... un je ne sais quoi... qui fixe et commande l'attention... attire les hommages, et ce je ne sais quoi, vous l'aurez... rien n'est plus facile à deviner en vous.

— Mon Dieu ! Madame... vous m'étonnez beaucoup,—répondit la pauvre enfant toute abasourdie.

—Je vous étonne... c'est tout simple, vous devez vous ignorer, ma chère belle ; mais moi qui vous étudie, qui vous juge avec l'œil jaloux et orgueilleux d'une mère... je prévois tout ce que vous serez, et je m'en applaudis... C'est une si ravissante existence, que celle d'une femme à la mode ! Reine de toutes les fêtes, de tous les plaisirs, sa vie est un continuel enchantement... Et tenez, pour vous donner une idée de ce monde, sur lequel vous êtes destinée à règner un jour, il faudra qu'après-demain nous allions en voiture aux Champs-Elysées, il y aura eu une course au bois de Boulogne... Vous verrez revenir tout le Paris élégant... C'est une distraction parfaitement compatible avec votre deuil.

— Madame...., excusez-moi....., mais ces grandes réunions m'intimident.., et.... je....

— Oh! ma chère belle,—reprit la baronne en interrompant sa pupille, — je suis intraitable ; il faudra faire cela pour moi..... D'ailleurs, je tiens à être aussi bien traitée que mon excellente sœur......; et, à ce propos, voyons, ma chère belle.., qu'avez-vous donc comploté..., pour demain matin neuf heures, avec cette bonne Héléna?

— Mademoiselle Héléna veut bien me conduire à l'office...., madame.

— Elle a raison, ma chère belle, il ne faut pas trop négliger ses devoirs religieux........ Mais neuf heures...., c'est bien matin....; les femmes du monde ne vont guère qu'à l'office de midi; au moins l'on a eu tout le temps de faire une élégante toilette du matin, et l'on rencontre à l'église des figures de connaissance.

— J'ai l'habitude de me lever de bonne heure, madame..., et puisque mademoiselle Héléna préférait partir à neuf heures...., j'ai pensé que cette heure devait être aussi la mienne.

— Ma chère belle, je vous ai dit que je serai avec vous d'une franchise..., d'une sincérité brutale.

— Et je vous en remercie..., madame.....

— Sans doute, il ne faut pas, voyez-vous, être glorieuse de ce que vous êtes *la plus riche héritière de France...* Mais, sans vouloir abuser de cette position pour imposer aux autres vos volontés ou vos caprices...., il ne faut pas non plus toujours vous empresser d'aller au-devant du moindre désir d'autrui. Encore une fois, n'oubliez pas que votre immense fortune...

— Hélas! Madame, — dit Ernestine sans pouvoir retenir deux larmes qui roulèrent sur ses joues, — je fais mon possible, au con-

traire, pour n'y pas songer, à cette fortune...
car elle me rappelle que je suis orpheline...

— Pauvre chère belle, — dit madame de la Rochaiguë en embrassant Ernestine avec effusion, — combien je m'en veux de vous avoir involontairement attristée ! Je vous en conjure, séchez ces beaux yeux, j'ai trop de regret de vous voir pleurer : cela me fait un mal !...

Ernestine essuya lentement ses larmes; la baronne reprit affectueusement :

— Voyons, mon enfant... du courage... soyez raisonnable... sans doute c'est un malheur affreux... irréparable, que d'être orpheline ; mais par cela que ce malheur est irréparable... il faut bien prendre sur vous...vous dire qu'il vous reste du moins des amis, des parents dévoués... et que, si le passé est triste, l'avenir est des plus brillants...

Au moment où madame de la Rochaiguë consolait ainsi l'orpheline, on frappa discrètement à la porte.

— Qui est là ? — demanda la baronne.

— Le *majordome* de mademoiselle de Beaumesnil, — répondit une voix — et il sollicite la grâce de venir se mettre à ses pieds.

Ernestine fit un mouvement de surprise ; la baronne lui dit en souriant :

— C'est une plaisanterie de M. de la Rochaiguë ; c'est lui qui est là derrière la porte.

Mademoiselle de Beaumesnil tâcha de sourire aussi, et la baronne dit à haute voix :

— Entrez, Monsieur le majordome... entrez.

A ces mots, le baron parut, montrant plus que jamais ses longues dents, alors complètement découvertes par le rire de satisfaction que lui inspirait sa plaisanterie. Il alla courtoisement s'incliner devant Ernestine, lui baisa la main et lui dit :

— Mon adorable pupille continue-t-elle d'être contente de moi? rien ne manque-t-il à son service? trouve-t-elle sa maison sur un pied convenable? n'a-t-elle pas découvert d'inconvénients dans son appartement? est-elle satisfaite de ses gens?

—Je me trouve parfaitement bien ici,

Monsieur; trop bien... même... — répondit Ernestine; — car ce magnifique appartement pour moi seule... est...

— Il n'y a rien de trop beau, charmante pupille, — dit le baron d'un ton péremptoire; — il n'y a rien de trop somptueux pour *la plus riche héritière de France.*

— Je suis surtout heureuse et touchée de l'affectueux accueil que je reçois dans votre famille, Monsieur, — reprit Ernestine, — et, je vous l'assure, le reste a pour moi peu d'importance...

Soudain les deux battants de la porte du salon s'ouvrirent, et un maître d'hôtel dit à haute voix :

— Mademoiselle est servie...

X

Le baron offrit son bras à Ernestine, qu'il conduisit dans la salle à manger, où se rendit bientôt Héléna, un peu attardée par l'envoi d'une lettre à l'abbé Ledoux, au sujet de la rencontre du lendemain.

Pendant le dîner, Ernestine fut le constant objet des prévenances, des obséquiosités du baron, de sa femme ; d'Héléna et des domestiques, qui subissaient, comme leurs maîtres, l'influence magique de ces mots tout puissants qui résumaient la position de l'orpheline : *la plus riche héritière de France !...*

Vers la fin du dîner, le baron, affectant l'air du monde le plus détaché, dit à mademoiselle de Beaumesnil :

— Ma chère pupille... vous vous êtes reposée aujourd'hui des fatigues de votre voyage... il faudrait, ce me semble, sortir demain et les autres jours pour vous distraire un peu.

— Nous y avions pensé, Héléna et moi, — dit madame de La Rochaiguë ; — votre sœur accompagnera demain matin Ernestine à l'office... dans l'après-dîner, mademoiselle Palmyre et mademoiselle Barenne viendront essayer à notre chère petite belle, les robes et les chapeaux commandés hier par mes soins, et, après demain, nous irons faire un tour en voiture aux Champs-Elysées.

— A merveille, — dit le baron, — je vois la journée de demain et celle d'après-demain parfaitement employées. Seulement... je me trouve, moi, très mal partagé... Aussi, je vous demande ma revanche pour le jour d'ensuite, ma chère pupille... Me l'accorderez-vous?

— Certainement, monsieur, avec le plus grand plaisir, — répondit Ernestine.

— Le grâce de cette réponse en double

encore le prix, — dit le baron avec une expression si convaincue, que l'orpheline se demandait ce qu'elle avait répondu de si gracieux, lorsque la baronne dit à son mari :

— Voyons, Monsieur de la Rochaiguë, quels sont vos projets ?

— Ah ! ah ! — répondit le baron d'un air fin, — je ne suis ni si dévotieux que ma sœur, ni si mondain que vous, ma chère amie, je propose donc à notre aimable pupille, si le temps le permet, une promenade dans l'un des plus beaux jardins de Paris, où elle verra une merveilleuse collection de rosiers en fleurs.

— Vous ne pouviez mieux choisir, Monsieur, — dit naïvement Ernestine, — j'aime tant les fleurs.

— Ce n'est pas tout, et comme je suis homme de précaution, ma charmante pupille, — ajouta le baron — en cas de mauvais temps, nous ferions notre promenade dans des serres chaudes superbes ou dans une magnifique galerie de tableaux renfermant les chefs-d'œuvre de l'école moderne.

— Et où se trouvent donc réunies toutes ces belles choses, Monsieur? — dit Ernestine véritablement émerveillée.

— Ah! ma chère pupille..... quelle véritable Parisienne vous êtes! — reprit M. de la Rochaiguë en riant d'un air capable, — et vous aussi, baronne... et vous aussi, ma sœur; je le vois, à votre air étonné, vous ignorez où se trouve ce pays de merveilles qui est pourtant presque à notre porte.

— En vérité... — dit mademoiselle de la Rochaiguë, — j'ai beau chercher... je...

— Vous ne trouvez pas? — reprit le baron, radieux, — voyons... j'ai pitié de vous... toutes ces merveilles se trouvent réunies... au Luxembourg.

— Au Luxembourg! — s'écria la baronne en riant et, s'adressant à Ernestine : — Ah! ma chère belle, c'est un piège... abominable, car vous ne savez pas la passion de M. de la Rochaiguë pour une autre des merveilles du Luxembourg, dont il se garde bien de vous parler !

— Et quelle est cette autre merveille, Madame ? — demanda la jeune fille en souriant :

— Figurez-vous... pauvre chère innocente... que M. de la Rochaiguë est capable de vous conduire à une séance de la chambre des pairs... sous prétexte de serres, de fleurs et de tableaux !

— Eh bien ! pourquoi pas, dans la tribune diplomatique ? — Ma chère pupille s'y trouverait en belle et bonne compagnie, — riposta le baron, — elle rencontrerait là de ces bienheureuses femmes d'ambassadeurs... de ministres...

Bienheureuses... le mot est charmant, — dit gaîment la baronne, et d'où leur vient cette canonisation, s'il vous plaît? Puis, se tournant vers Héléna :

— Entendez-vous votre frère... ma chère... quel blasphême !

— Je maintiens, — répondit le baron, — qu'il n'est pas au monde une position plus enviable, plus charmante... plus admirable, que celle de la femme d'un ambassadeur... ou d'un ministre... Ah ! ma chère amie... — ajouta le *Canning* ignoré, en s'adressant à sa femme d'un ton pénétré — que n'ai-je pu vous donner une pareille position ! Vous eussiez été.... jalousée.... adulée... fêtée... Vous seriez devenue, j'en suis sûr.... une femme politique supérieure... Vous eussiez dirigé l'Etat peut-être... Est-il un rôle plus beau pour une femme ?

— Voyez-vous, ma chère belle, quel dangereux flatteur que M. de la Rochaiguë,—dit la baronne à Ernestine, — il est capable de vouloir peut-être vous donner aussi le goût de la politique...

— A moi, Madame ? oh ! je ne crains pas cela, répondit Ernestine en souriant.

— Vous raillerez tant que vous voudrez, ma chère amie, — dit le baron à madame de la Rochaiguë ; — mais je prétends que ma chère pupille... a dans l'esprit quelque chose de réfléchi... de posé... de sérieux... très remarquable pour son âge, sans compter qu'elle ressemble incroyablement au portrait de la belle et fameuse duchesse de Longueville, qui a eu sous la Fronde une si grande influence politique.

— Ah!... c'est trop fort, — dit la baronne, en interrompant son mari avec un redoublement d'hilarité.

L'orpheline, un moment pensive, ne partagea pas cette gaîté ; elle trouvait singulier qu'en moins de deux heures, les trois personnages dont nous parlons, eussent tour à tour découvert qu'elle réunissait les vocations les plus singulièrement opposées :

Celle de *femme dévote,*

De *femme à la mode,*

De *femme politique*.

La conversation fut interrompue par le bruit retentissant d'une voiture qui entrait dans la cour de l'hôtel.

Le baron dit à sa femme :

— Vous n'avez pas fermé votre porte ce soir?

— Non... mais je n'attends personne... à moins que ce ne soit madame de Mirecourt qui, vous le savez, vient quelquefois en *prima sera,* avant d'aller dans le monde.

— En ce cas, où voulez-vous la recevoir?

— Si cela ne vous ennuyait pas trop, ma chère belle, — dit la baronne à Ernestine,—

vous me permettriez de recevoir madame de Mirecourt dans votre salon ; c'est une digne et excellente personne.

— Faites absolument comme il vous plaira, Madame, — répondit Ernestine.

— Vous ferez entrer dans le salon de mademoiselle de Beaumesnil, — dit la baronne à l'un des domestiques.

Celui-ci sortit, et revint bientôt en disant :

— D'après les ordres de madame la baronne, j'ai fait entrer chez Mademoiselle... mais ce n'était pas madame de Mirecourt.

— Et qui donc était-ce ?

— M. le marquis de Maillefort, Madame la baronne.

Au nom du marquis, le baron s'écria :

— C'est insupportable... Une visite à une pareille heure est d'une familiarité inconcevable.

La baronne fit signe à son mari de se contraindre devant les gens, et dit tout bas à Ernestine qui semblait surprise de cet incident :

— M. de la Rochaiguë n'aime pas M. de Maillefort, qui est un des plus malins et des plus méchants bossus qu'on puisse imaginer...

— Un vrai satan... — ajouta Héléna.

— Il me semble, — dit Ernestine en réfléchissant, — qu'autrefois... chez ma mère, j'ai entendu prononcer le nom de M. de Maillefort.

— Et certes, ma toute belle, reprit la baronne en souriant, — l'on ne parlait pas précisément du marquis comme d'un *bon ange*.

— Je ne me souviens pas d'avoir entendu parler de M. de Maillefort en bien ou en mal, — répondit l'orpheline, — je me rappelle seulement son nom...

— Et ce nom, dit le baron, — est celui d'une véritable peste!

— Mais, Madame, — dit mademoiselle de Beaumesnil en hésitant, — si M. de Maillefort est si méchant, pourquoi le recevez-vous?

— Ah! ma chère belle... dans le monde, on est obligé à tant de concessions, surtout lorsqu'il s'agit de personnes de la naissance de M. de Maillefort!

Et s'adressant au baron :

— Il est impossible de prolonger le dîner plus longtemps, car on a servi le café dans le salon.

Madame de la Rochaiguë se leva de table; le baron, dissimulant son dépit, offrit son bras à sa pupille, et tous entrèrent dans le salon où attendait M. de Maillefort.

Le marquis avait pendant longtemps tellement pris l'habitude de se vaincre, à l'endroit de sa profonde et secrète passion pour la comtesse de Beaumesnil, passion que celle-ci avait seule pénétrée, qu'à la vue d'Ernestine, il ne trahit en rien l'intérêt qu'elle lui inspirait ; il songea non sans tristesse, qu'il lui fallait se montrer devant l'orpheline ce qu'il avait toujours été devant les autres : incisif et sarcastique ; un changement soudain dans ses manières, dans son langage, eût éveillé les soupçons des la Rochaiguë, et, pour protéger Ernestine à l'insu de tous et peut-être à l'insu d'elle-même, afin d'accomplir ainsi les dernières volontés de la comtesse, il ne devait en rien exciter les défiances des personnes dont l'orpheline était entourée.

M. de Maillefort doué d'une grande sagacité, s'aperçut avec un cruel serrement de cœur, de l'impression défavorable que son aspect causait à Ernestine, car celle-ci, encore sous l'influence des calomnies dont le bossu venait d'être l'objet, avait involontairement tressailli et détourné les yeux à la vue de cet être difforme.

Si diversement pénibles que furent alors les sentiments du marquis, il eut la force de les dissimuler ; s'avançant alors vers madame de la Rochaiguë, le sourire aux lèvres, l'ironie dans le regard :

— Je suis bien indiscret, n'est-ce pas, ma chère baronne ? mais, vous le savez.. ou plutôt vous l'ignorez ; l'on n'a des amis que pour mettre avec eux ses défauts à l'aise... à moins cependant, — ajouta le marquis en s'inclinant profondément devant Héléna, — à moins que, comme mademoiselle de la Rochaiguë... on n'ait pas de défauts... et qu'on soit un ange de perfection, descendu des cieux pour l'édification des fidèles; alors, c'est pis encore : Quand on est si parfait l'on inflige à ses amis le supplice de l'envie... ou de l'admiration, car pour beaucoup c'est tout un...

Et s'adressant enfin à M. de la Rochaiguë :

— N'est-ce pas que j'ai raison, baron? je m'en rapporte à vous, qui avez le bonheur de n'être blessant.... ni par vos qualités ni par vos défauts.

Le baron sourit, montra outrageusement ses longues dents et répondit en tâchant de contraindre sa mauvaise humeur :

— Ah! marquis!... marquis... toujours malicieux, mais toujours aimable.

Songeant alors qu'il ne pouvait se dispenser de présenter M. de Maillefort à sa pupille qui regardait le bossu avec une crainte croissante, le baron dit à Ernestine :

— Ma chère pupille, permettez-moi de vous présenter M. le marquis de Maillefort, un de nos bons amis.

Après s'être incliné devant la jeune fille qui lui rendit son salut d'un air embarrassé, le bossu lui dit avec une froideur polie :

— Je suis heureux, mademoiselle, d'avoir maintenant un motif de plus pour venir souvent chez madame de la Rochaiguë :

Et, comme s'il se croyait libéré envers l'orpheline par cette banalité, le marquis s'inclina de nouveau, et alla s'asseoir auprès de la baronne, pendant que son mari tâchait de donner une contenance à son dépit, en dégustant le café avec lenteur, et qu'Héléna, s'emparant d'Ernestine, l'emmenait à quelques pas, sous prétexte de lui faire admirer les fleurs d'une jardinière.

Le marquis, sans paraître faire la moindre attention à Ernestine et à Héléna, ne les perdit cependant pas de vue; il avait l'ouïe très fine, et il espérait surprendre quelques mots de l'entretien de la dévote et de l'orpheline, tout en causant avec madame de la Rochaiguë; conversation d'abord nécessairement insignifiante : chacun des interlocuteurs, cachant soigneusement le fond de sa pensée sous un *parlage* frivole ou banal, tâchait de *voir venir* son adversaire, ainsi que l'on dit vulgairement.

Le vague d'un pareil entretien favorisait à merveille les intentions du marquis ; aussi, tandis que, d'une oreille distraite, il écoutait madame de la Rochaiguë, il écoutait de l'autre et très curieusement, Ernestine, le baron et Héléna.

La dévote et son frère, croyant le bossu tout à son entretien avec madame de la Rochaiguë, rappelèrent à l'orpheline, dans le courant de leur conversation, la promesse qu'elle avait faite :

A Héléna de l'accompagner le lendemain à l'office de neuf heures ;

Au baron d'aller le surlendemain admirer avec lui les merveilles du Luxembourg.

Quoiqu'il n'y eût rien d'extraordinaire dans ces projets acceptés par Ernestine, M. de Maillefort, très en défiance contre les la Rochaiguë, ne regarda pas comme inutile pour lui d'être instruit de ces particularités, en apparence insignifiantes. Il les nota soigneusement dans son esprit, tout en répondant avec son aisance habituelle aux lieux communs de la baronne.

L'attention du bossu était ainsi partagée depuis quelques minutes, lorsqu'il vit du coin de l'œil Héléna parler bas à Ernestine, en lui montrant du regard madame de la Rochaiguë, comme pour lui dire qu'il ne fallait pas la déranger de son entretien; puis l'orpheline, Héléna et le baron quittèrent discrètement le salon.

Madame de la Rochaiguë ne s'aperçut de leur absence qu'au bruit que fit la porte en se refermant.

Ce départ servait à souhait la baronne ; la la présence des autres personnes eut gêné une explication qu'il lui paraissait très urgent d'avoir avec le marquis ; elle était trop fine, trop rompue au monde, pour n'avoir pas pressenti, ainsi qu'elle l'avait dit à son mari, que le marquis, revenant chez elle après une longue interruption dans leurs relations, ne pouvait être ramené que par la présence de l'héritière sur laquelle il avait nécessairement quelque vue cachée.

La passion du bossu pour madame de Beaumesnil n'ayant été devinée par personne, sa dernière entrevue avec la comtesse mourante ayant aussi été tenue secrète, madame de la Rochaiguë ne pouvait soupçonner et ne soupçonnait pas la sollicitude que le marquis portait à Ernestine...

Voulant néanmoins tâcher de pénétrer les desseins du bossu, afin de les déjouer s'ils contrariaient les siens, madame de la Rochaiguë interrompit son insignifiante conversation, dès que la porte se fut refermée sur l'orpheline.

— Eh bien ! — demanda la baronne au bossu — comment trouvez-vous mademoiselle de Beaumesnil ?

— Je la trouve très généreuse...

— Comment cela, marquis, très généreuse !

— Sans doute... avec sa fortune... votre pupille aurait le droit d'être aussi laide et aussi bossue que moi...; mais a-t-elle quelques qualités?

— Je la connais depuis si peu de temps, que je ne saurai trop vous dire...

— Voyons, pourquoi ces réticences?... vous sentez bien que je ne viens pas vous demander la main de votre pupille.

— Qui sait?... — reprit la baronne en riant.

— Moi... je le sais, et je vous le dis...

— Sérieusement, marquis ? — reprit madame de La Rochaiguë d'un ton pénétré. — Je suis sûre qu'à l'heure qu'il est, cent projets de mariage sont déjà formés...

— Contre mademoiselle de Beaumesnil ?

— *Contre* est très joli... mais, tenez, marquis, je veux être franche avec vous.

— Vraiment, — dit le bossu avec une surprise railleuse. — Eh bien ! moi aussi. Allons, ma chère baronne... faisons cette petite débauche... de sincérité ; ma foi ! tant pis !

Et M. de Maillefort rapprocha son fauteuil du canapé où la baronne était assise.

XI

Madame de la Rochaiguë, après un moment de silence, jetant sur M. de Maillefort un regard pénétrant, lui dit :

— Marquis, je vous ai deviné.

— Ah bah !

— Parfaitement deviné.

— Vous faites tout en perfection... ça ne m'étonne pas ; voyons donc cette surprenante devination.

— De peur de raviver mes regrets, je ne veux pas compter le nombre d'années pendant lesquelles vous n'avez pas mis les pieds chez moi, marquis... et voilà que, soudain... vous me revenez avec un empressement tout flatteur... Moi qui suis bonne femme et pas du tout glorieuse, je me suis dit...

— Voyons... baronne, qu'est-ce que vous vous êtes dit?

— Oh! mon Dieu!..., je me suis dit tout simplement ceci : « Après le brusque délais-
« sement de M. de Maillefort, qui me vaut
« donc le nouveau plaisir de le voir si sou-

« vent?... C'est probablement parce que je
« suis la tutrice de mademoiselle de Beau-
« mesnil, et que cet excellent marquis a un
« intérêt quelconque à revenir chez moi. »

— Ma foi, baronne, c'est à peu près cela...

— Comment, vous l'avouez ?

— Il le faut bien...

— Vous allez me faire douter de ma pénétration en vous rendant si vite, marquis...

— Ne sommes-nous pas en pleine orgie...
de franchise.

— C'est vrai...

— Alors... à mon tour, je m'en vas d'abord vous dire... pourquoi j'ai soudain cessé de venir chez vous... c'est que, voyez-vous, baronne, moi je suis une manière de stoïque...

— Eh bien !... que fait là le stoïcisme !

— Il fait beaucoup, car il m'a donné l'habitude... lorsqu'une chose me plaît extrêmement... d'y renoncer soudain, afin de ne me point laisser amollir par de trop douces habitudes...Voilà pourquoi, baronne, j'ai brusquement cessé de vous voir.

— Je voudrais croire cela... mais...

— Essayez... toujours... Quant à mon retour chez vous...

— Ah ! ceci est plus curieux.

— Vous avez deviné... à peu près juste...

— A peu près... marquis?

— Oui, car bien que je n'aie aucun projet au sujet du mariage de votre pupille, je me suis cependant dit ceci : Cette prodigieuse héritière va être le but d'une foule d'intrigues plus amusantes... ou plus ignobles les unes que les autres... La maison de madame de la Rochaiguë sera le centre où aboutiront tant d'intrigues diverses. On sera là, comme on dit, *aux premières loges*, pour voir tous les actes de cette haute comédie... A mon âge, et fait comme je suis... je n'ai d'autre amusement, dans le monde, que l'observation. J'irai donc en observateur chez madame de la Rochaiguë... Elle me recevra, parce qu'elle m'a reçu autrefois, et qu'après tout, je ne suis ni plus sot ni plus ennuyeux qu'un autre. Ainsi, de mon coin, j'assisterai tranquillement à cette lutte acharnée entre les prétendants; voilà la vérité; maintenant, baronne... aurez-vous le courage de me refuser de temps à autre une petite place dans votre salon, pour observer cette bataille dont votre pupille doit être le prix?

— Ah! marquis... — dit madame de la Rochaiguë en hochant la tête, — vous n'êtes pas de ces gens qui, sans prendre part à la mêlée, regardent les autres se battre.

— Eh... eh!... je ne dis pas non...

— Vous voyez donc bien... vous ne resterez pas neutre.

— Je n'en sais rien... — ajouta le marquis, et il appuya beaucoup sur les mots suivants : — Mais comme je suis assez compté dans le monde, comme je sais beaucoup de choses... comme j'ai toujours su maintenir mon franc-parler, comme j'ai horreur des lâchetés, je vous avoue... que si... dans la *mêlée*, comme vous dites, ma chère baronne... je voyais perfidement attaquer ou menacer un brave guerrier, dont la vaillance m'aurait intéressé, j'irais, ma foi, à son secours par tous les moyens dont je puis disposer.

— Mais... Monsieur, — dit la baronne, en cachant son dépit sous un rire forcé, — cela, permettez-moi de vous le dire... cela est une sorte... d'inquisition permanente...

dont vous seriez le grand inquisiteur, et dont le siége serait chez moi...

— Oh! mon Dieu! chez vous ou ailleurs... ma chère baronne; vous sentez bien que si, par caprice de jolie femme... et plus que personne vous pouvez vous permettre ces caprices-là..., vous disiez à vos gens qu'à l'avenir vous n'y serez jamais pour moi..,

— Ah! marquis, pouvez-vous penser?...

— Je plaisante, — reprit M. de Maillefort d'un ton sec, — le baron est de trop bonne compagnie pour souffrir que votre porte me soit refusée sans raison, et il m'épargnera, j'en suis certain, une explication à ce sujet... J'avais donc l'honneur de vous dire, ma chère baronne, qu'une fois résolu d'observer ce fait fort curieux, à savoir : — *de quelle manière se marie... la plus riche héritière de France...* je puis placer partout le siége de mon observatoire, car, malgré ma taille... j'ai la prétention de voir... droit... de haut... et de loin...

— Allons... mon cher marquis. — dit madame de la Rochaiguë redevenant souriante, — avouez-le, c'est une alliance offensive et défensive que vous me proposez ?

— Pas le moins du monde... Je ne veux être ni pour vous, ni contre vous. J'observerai beaucoup, et puis... selon mon petit jugement et mes faibles ressources... je tâcherai de servir ou de desservir celui-ci ou celui-là... si l'envie m'en prend, ou plutôt si la justice et la loyauté l'exigent ; car vous savez combien je suis original.

— Mais pourquoi ne pas vous borner à votre rôle de curieux, d'observateur ? pourquoi ne pas rester neutre ?

— Parce que... et ce n'est pas moi, c'est vous qui l'avez dit, ma chère baronne... parce que je ne suis malheureusement pas de ceux-là qui peuvent voir les autres se battre... sans prendre un peu part à la mêlée...

— Mais enfin, — dit madame de la Rochaiguë poussée à bout, — si... (et c'est une pure supposition, car nous sommes décidés à ne pas songer de longtemps au mariage d'Ernestine) ; si, par supposition, vous disais-je... nous avions quelqu'un en vue pour elle, que feriez-vous ?...

— Je n'en sais, ma foi, rien du tout.

— Allons, Monsieur le marquis, vous jouez au fin avec moi... vous avez un projet quelconque ?

— Aucun. Je ne connais pas mademoiselle de Beaumesnil ; je ne vous propose personne... Je suis donc parfaitement désintéressé dans mon rôle de curieux, d'observateur, et puis enfin je vous demande un peu, qu'est-ce que cela vous fait, ma chère baronne, que je sois curieux et observateur ?

— Il est vrai, — dit madame de la Rochaiguë en reprenant son sang-froid, — car, après tout, en mariant Ernestine, que pouvons-nous avoir en vue ? son bonheur !

— Parbleu !

— Nous n'avons donc rien à craindre de *votre observatoire*, comme vous dites, mon cher marquis.

— Rien, absolument, ma chère baronne.

— Car enfin, si par hasard nous faisions fausse route...

— Ce qui arrive aux mieux intentionnés.

— Certainement,... marquis,... vous ne manqueriez pas alors de venir à notre aide... et de nous signaler l'écueil... du haut de votre lumineux observatoire.

— On est observateur... c'est pour cela... — dit M. de Maillefort en se levant pour prendre congé de madame de la Rochaiguë.

— Comment, marquis, — dit la baronne en minaudant, — Vous me quittez déjà?

— A mon grand regret,... je vais faire ma tournée dans cinq ou six salons, afin d'entendre parler de votre héritière... Vous n'avez pas d'idée comme c'est amusant... et curieux... et parfois révoltant... tous ces bavardages... au sujet d'une dot si phénoménale...

— Ah çà! mon cher marquis, — dit madame de la Rochaiguë en tendant sa main au bossu de l'air le plus cordial, — parlons sérieusement... J'espère vous voir souvent, n'est-ce pas! très souvent... Et puisque tout ceci vous intéresse,... malin curieux, soyez tranquille, je vous tiendrai au fait de tout ; — ajouta mystérieusement la baronne.

— Et moi aussi, — répondit non moins mystérieusement M. de Maillefort. — De mon côté, je vous raconterai tout... ce sera délicieux, et à propos... de propos, — ajouta le marquis en souriant et d'un air très détaché (quoiqu'il fût venu chez madame de la Rochaiguë autant pour voir Ernestine que pour tâcher d'obtenir quelques éclaircissements sur un mystère encore impénétrable pour lui), à propos de propos, — reprit donc le marquis, — avez-vous entendu parler d'un enfant naturel que laisserait *Monsieur* de Beaumesnil!

— *Monsieur* de Beaumesnil ? — demanda la baronne avec surprise.

— Oui, — lui répondit le bossu, car, en déplaçant ainsi la question, il espérait arriver au même résultat d'investigation sans risquer de compromettre le secret qu'il croyait avoir surpris à madame de Beaumesnil. — Oui, avez-vous entendu dire que *Monsieur* de Beaumesnil eût eu un enfant naturel ?

— Non... — répondit la baronne, — et c'est la première fois que ce bruit vient jusqu'à moi... Dans le temps, on a, je crois, parlé d'une liaison de la comtesse avant son mariage... Ce serait donc plutôt à elle... que se rapporterait l'histoire de ce prétendu enfant naturel, mais je n'ai, quant à moi, jamais rien entendu dire à ce sujet.

— Alors, que ce bruit regarde le comte ou la comtesse, — reprit le bossu, — c'est évidemment un conte absurde, ma chère baronne, puisque vous en ignorez complètement, vous qui, par votre position et par votre connaissance des affaires de la famille, devriez être mieux instruite que personne sur un fait si grave.

— Je vous assure, marquis, que nous n'avons rien vu, ni lu qui pût nous donner le moindre soupçon que *Monsieur* ou que madame de Beaumesnil ait laissé un enfant naturel...

M. de Maillefort, doué d'infiniment de

tact et de pénétration, fut avec raison convaincu de l'ignorance absolue de madame de la Rochaiguë au sujet de la fille naturelle qu'il supposait à la comtesse ; il vit avec chagrin la vanité de sa nouvelle tentative, désespérant presque de pouvoir accomplir les dernières volontés de madame de Beaumesnil, ne sachant comment retrouver la trace de cet enfant inconnue.

Madame de la Rochaiguë reprit sans remarquer la préoccupation du bossu :

— Du reste... on dit tant de choses inconcevables à propos de cet héritage ! N'a-t-on pas aussi parlé de legs aussi bizarres que magnifiques laissés par la comtesse...

— Vraiment ?...

— Ce sont encore là des histoires de l'autre monde, — reprit madame de la Rochaiguë avec un ton de dénigrement marqué, car elle avait toujours été fort hostile à madame de Beaumesnil, — la comtesse a laissé de... mesquines pensions à deux ou trois vieux serviteurs, et une petite gratification à ses autres domestiques... C'est à cela que se réduisent ces legs si magnifiques... Seulement pendant que la comtesse était en veine de générosité, — ajouta madame de La Rochaiguë avec un redoublement d'aigreur, — elle aurait dû ne pas commettre l'ingratitude d'oublier une pauvre fille à qui elle devait pourtant bien quelque reconnaissance !

— Comment cela ? — demanda le marquis, obligé de cacher ses pénibles sen-

timents en entendant la baronne attaquer la mémoire de madame de Beaumesnil ;
— de quelle jeune fille voulez-vous parler ?

— Vous ne savez donc pas que, pendant les derniers temps de sa vie, la comtesse, suivant l'avis de ses médecins, avait fait venir auprès d'elle une jeune artiste à qui elle a dû souvent de grands soulagements dans ses douleurs ?

— En effet, l'on m'en a vaguement parlé, répondit le bossu en cherchant à rassembler ses souvenirs.

— Eh bien ! n'est-il pas inouï que la comtesse n'ait pas laissé le moindre petit legs à cette pauvre fille ? Si c'est un oubli...

il ressemble furieusement à de l'ingratitude...

Le marquis connaissait si bien la noblesse et la bonté de cœur de madame de Beaumesnil, qu'il fut doublement frappé de cet oubli à l'endroit de la jeune artiste. Après quelques instants de réflexion, il pressentit vaguement que, par cela même que cet oubli, s'il était réel, semblait inexplicable, il y avait dans cette circonstance autre chose qu'un manque de mémoire. Aussi reprit-il :

— Vous êtes sûre, baronne, que cette jeune fille... n'a reçu aucune rémunération de madame de Beaumesnil? Vous en êtes bien sûre?

— Notre conviction a été si unanime à ce sujet — reprit la baronne, enchantée de cette occasion de se faire valoir — que, révoltés de l'ingratitude de la comtesse, nous avons par égard pour la famille... envoyé un billet de cinq cents francs à cette jeune fille...

— C'était justice.

— Sans doute... Et savez-vous ce qui est advenu?

— Non...

— La jeune artiste nous a rapporté fièrement les cinq cents francs en disant qu'elle avait été payée...

— Cela est d'un noble cœur, — dit vivement le marquis, — mais, vous le voyez, la comtesse n'avait pas oublié... cette jeune fille... Sans doute elle lui aura remis à elle quelque témoignage de sa gratitude... au lieu de lui laisser un legs...

— Vous ne croiriez pas cela, marquis, si vous aviez vu la misère décente mais significative des vêtements de cette jeune fille... Cela faisait mal, et, certes, elle eût été autrement habillée... si elle avait eu quelque part aux largesses de madame de Beaumesnil; d'ailleurs, cette pauvre jeune artiste qui, soit dit en passant, est belle comme un astre, m'a fait si grande pitié, — ajouta madame de la Rochaiguë avec une affectation de sensibilité : — la délicatesse de sa conduite m'a si fort émue, que je lui ai proposé de venir donner des leçons de musique à Ernestine...

— Vrai! vous avez fait cela?... mais c'est superbe.

— Votre étonnement est peu flatteur, marquis.

— Vous confondez l'admiration avec l'étonnement, baronne, je ne m'étonne pas du tout... je sais les trésors de bonté, de mansuétude que renferme votre excellent cœur, — dit M. de Maillefort en cachant sous son persifflage habituel l'espérance qu'il avait d'être enfin sur la voie du mystère qu'il avait tant d'intérêt à pénétrer.

— Au lieu de railler... la bonté de mon cœur, marquis, — répondit madame de la

Rochaiguë,—vous devriez l'imiter, et tâcher, parmi vos nombreuses connaissances, de procurer des leçons à cette pauvre fille.

— Certainement, — répondit le marquis avec une froideur apparente à l'endroit de la jeune artiste,—je vous promets de m'intéresser à votre protégée... quoique j'aie peu d'autorité comme connaisseur en musique. Mais comment se nomme et où demeure cette jeune fille?

—Elle se nomme Herminie et demeure rue de Monceau... Je ne me souviens pas du numéro, mais je vous le ferai savoir.

— Je m'emploierai donc pour mademoiselle Herminie, si je le puis... mais à charge de revanche, baronne, dans le cas où j'aurais aussi à réclamer votre patronage pour quelque prétendant à la main de mademoiselle de Beaumesnil, je suppose..., que je verrais du haut de mon observatoire avoir le dessous dans la rude mêlée des concurrents...

— En vérité, marquis, vous savez mettre le prix à vos services...— répondit la baronne en souriant d'un air contraint,—mais je suis certaine que nous nous entendrons toujours parfaitement.

— Et moi donc, ma chère baronne, vous ne sauriez croire combien je me réjouis d'avance du touchant accord qui va désormais exister entre nous deux. Eh bien ! après tout, — ajouta le marquis avec un accent rempli de bonhomie, — avouons-le, notre petite débauche de sincérité... nous a fameusement profité... nous voici en pleine confiance... n'est-ce pas, ma chère baronne?

— Sans doute, et malheureusement, — ajouta la baronne avec un soupir, — c'est si rare, la confiance!...

— Mais aussi quand ça se rencontre, — répondit le marquis, — comme c'est bon!... hein! ma chère baronne?

— C'est divin, mon cher marquis. Ainsi donc, au revoir et à bientôt, je l'espère.

— A bientôt... — dit M. de Maillefort, en sortant du salon.

— Maudit homme! — s'écria madame de la Rochaiguë, en bondissant de son fauteuil.

Et marchant à grands pas, elle donna enfin

cours à ses sentiments, si difficilement comprimés.

— Il n'y a pas une des paroles de cet infernal bossu, — reprit-elle, — qui n'ait été un sarcasme ou une menace...

— Le fait est que c'est un bien prodigieux scélérat, — s'écria la voix du baron, qui apparut soudain à l'une des portes du salon, dont il écarta les portières.

XII

A la vue de M. de la Rochaiguë, apparaissant ainsi à peu de distance du canapé où elle s'était tenue pendant son entretien avec M. de Maillefort, la baronne s'écria :

— Comment, Monsieur, vous étiez là ?

— Certainement... car, pressentant que votre entretien avec M. de Maillefort deviendrait très intéressant, dès que vous seriez tous deux seuls, j'ai fait le tour par le petit salon, et je suis venu écouter là... derrière ces portières, tout près de vous...

— Eh bien !.... vous l'avez entendu, ce maudit marquis ?

— Oui, madame, et j'ai aussi entendu que vous avez eu la faiblesse de l'engager à revenir, au lieu de lui signifier nettement son congé. Vous aviez une si belle occasion !

—Eh! monsieur, est-ce que M. de Maillefort ne peut pas être aussi dangereux de loin que de près ? Il me l'a bien fait comprendre ; et d'ailleurs on ne traite pas avec cette grossièreté un homme de la naissance et de l'importance de M. de Maillefort...

— Et qu'en adviendrait-il donc, s'il vous plaît?

— Il en adviendrait, monsieur, que le marquis vous ferait demander satisfaction de cette impertinence. Vous ne l'avez donc pas entendu? Ignorez-vous donc qu'il a eu plusieurs duels toujours malheureux... pour ses adversaires, et que, dernièrement encore, il a forcé M. de Mornand à se battre dans une chambre pour une plaisanterie?...

— Et moi, madame, je n'aurais pas été aussi bénévole... aussi débonnaire... aussi simple que M. de Mornand, je ne me serais pas battu... Ah! ah! Et voilà...

— Alors M. de Maillefort vous eût partout poursuivi, accablé de ses épigrammes... il y avait de quoi vous faire déserter le monde... à force de honte...

— Mais c'est donc une bête enragée que ce monstre-là !... il n'y a donc pas de loi ! Ah ! si j'étais à la Chambre des Pairs, de tels scandales ne resteraient pas impunis ; on ne serait plus à la merci du premier coupe-jarret ! — s'écria le malheureux baron. — Mais, pour l'amour de Dieu, à qui en a-t-il ? que veut-il, ce damné marquis ?

— Vous avez, en vérité, bien peu de pénétration, monsieur ? Il a pourtant parlé avec une assez insolente franchise... D'autres auraient pris des détours... auraient agi de ruse... M. de Maillefort... point. « Vous vou-
« lez marier mademoiselle de Beaumesnil...
« Je veux voir, moi, comment et à qui vous

« la marierez, et, si l'envie m'en prend, dans
« ce mariage j'interviendrai. » Voilà ce qu'il
a eu l'audace de me dire... Et, cette menace... il peut la tenir...

— Heureusement Ernestine paraît avoir une peur horrible de cet affreux bossu, et Héléna doit lui dire qu'il était l'ennemi acharné de la comtesse...

— Qu'est-ce que cela fera?.... Supposons que nous trouvions un parti convenable pour nous et pour Ernestine, le marquis, par ses railleries, par ses sarcasmes, n'est-il pas capable de donner à cette innocente fille... l'aversion de celui que nous voudrions lui faire épouser?... Et ce n'est pas seulement ici qu'il peut nous jouer ce tour odieux et bien d'autres qu'il est capable d'imaginer; il nous les jouera partout où il rencontrera Ernestine....., car nous ne pouvons pas la séquestrer, il faut que nous la conduisions dans le monde.

— C'est donc cela surtout que vous craignez? je serais assez de votre avis, si...

— Eh! monsieur! est-ce que je sais ce que je crains....; j'aimerais cent fois mieux avoir une crainte réelle, si menaçante qu'elle fut, je saurais du moins où est le péril, je m'arrangerais pour y échapper; tandis qu'au contraire, le marquis nous laisse dans une perplexité incessante, et cela peut nous faire commettre cent maladresses...., nous gêner, et paralyser peut-être les résolutions que nous aurons à prendre dans notre intérêt....
Il faut, en un mot, nous résigner à nous dire:

il y a là un homme d'une pénétration et d'un esprit diaboliques, qui voit ou qui cherche à voir ou à savoir tout ce que nous ferons, et qui, malheureusement, a mille moyens de réussir..., tandis que nous n'avons aucun moyen, nous, d'échapper à sa surveillance.

— J'en reviens à mon idée de tout-à-l'heure, — dit le baron d'un air très satisfait, — je la crois juste..., vraie..., évidente..., cette idée...

— Quelle idée ?

— C'est que le marquis est un bien prodigieux scélérat !

— Bonsoir, monsieur, — dit impatiemment madame de la Rochaiguë, en se dirigeant vers la porte du salon.

— Comment, — dit le baron, — vous vous en allez comme cela, dans une pareille extrémité, sans convenir de rien ?

— Convenir de quoi ?

— De ce qu'il y a à faire.

— Est-ce que j'en sais quelque chose ? — s'écria madame de la Rochaiguë hors d'elle-même et en frappant du pied. — Ce méchant bossu m'a complètement démoralisée... et vous achevez de me rendre stupide... par vos belles réflexions.

Et madame de la Rochaiguë quitta le salon dont elle referma la porte avec violence au nez du baron.

Pendant l'entretien de madame de la

Rochaiguë et de M. de Maillefort, Héléna avait reconduit mademoiselle de Beaumesnil chez elle, lui disant, au moment de la quitter :

— Allons... dormez bien, ma chère Ernestine, et priez le Seigneur qu'il éloigne de vos rêves la figure de ce vilain M. de Maillefort !

— En effet, mademoiselle, je ne sais pourquoi... il me fait presque peur...

— Ce sentiment est bien naturel... — répondit doucement la dévote, — et plus opportun que vous ne le pensez... car si vous saviez...

Et, comme Héléna se taisait, la jeune fille reprit :

— Vous n'achevez pas... mademoiselle ?

— C'est qu'il est des choses... pénibles à dire contre le prochain... quoique méritées... — ajouta la dévote d'un air béat. — Ce M. de Maillefort...

— Eh bien ! mademoiselle ?

— Je crains de vous attrister, ma chère Ernestine.

— Je vous en prie... parlez... mademoiselle.

— Ce méchant marquis, puisqu'il faut vous le dire, a été l'un des ennemis les plus acharnés de votre pauvre chère mère.

— De ma mère ?... — s'écria douloureusement mademoiselle de Beaumesnil.

Puis elle ajouta avec une touchante naïveté :

— L'on vous a trompée, Mademoiselle... ma mère ne pouvait pas avoir d'ennemis.

Héléna secoua tristement la tête et répondit d'un ton de tendre commisération.

— Chère enfant... cette candide ignorance fait l'éloge de votre cœur... mais, hélas ! les êtres les meilleurs, les plus inoffensifs sont exposés au courroux des méchants. Les brebis n'ont-elles pas pour ennemis les loups ravisseurs ?

— Et que lui avait donc fait ma mère à M. de Maillefort, Mademoiselle ? — demanda Ernestine, les larmes aux yeux.

— Elle! la pauvre chère femme, mais rien... Jésus, mon Dieu! autant dire que l'agneau irait attaquer le tigre.

— Alors, Mademoiselle, quel était le sujet de la haine de M. de Maillefort?

— Hélas! ma pauvre enfant... mes confidences ne peuvent aller jusques-là... c'est trop odieux, — répondit Héléna en soupirant, — trop horrible.

— J'avais donc raison de craindre cet homme, — dit Ernestine avec amertume, — et pourtant je me reprochais... de céder sans raison à un éloignement involontaire...

— Ah! ma chère enfant... puissiez-vous n'avoir jamais d'éloignement plus mal justifié!... — dit la dévote en levant les yeux au ciel.

Puis elle reprit :

— Allons, ma chère Ernestine, je vous laisse... dormez bien... Demain matin, je viendrai vous prendre à neuf heures, pour aller à l'office...

— A demain, mademoiselle... Hélas!... vous me laissez avec une triste pensée : — Ma mère... avait un ennemi...

— Il vaut mieux connaître les méchants que les ignorer, ma chère Ernestine ;... au moins, l'on peut se garantir de leurs maléfices... Adieu donc, à demain matin.

— A demain, mademoiselle.

— Et mademoiselle de la Rochaiguë s'en alla, tout heureuse de l'adresse perfide avec laquelle elle avait laissé au cœur de mademoiselle de Beaumesnil une cruelle défiance contre M. de Maillefort.

Ernestine, restée seule, sonna sa gouvernante, qui lui servait de femme de chambre.

Madame Lainé entra; elle avait quarante ans environ, une physionomie doucereuse, des manières prévenantes, empressées, mais dont l'empressement même annonçait quelque chose de servile, bien éloigné de ce dévoûment de *bonne nourrice*, dévoûment naïf, absolu, mais cependant empreint de toute la dignité d'une affection désintéressée.

— Mademoiselle veut se coucher? — dit madame Lainé à Ernestine.

— Non, ma bonne Lainé, pas encore... Apportez-moi, je vous prie, mon nécessaire à écrire...

— Oui, Mademoiselle...

Le nécessaire à écrire étant apporté dans la chambre d'Ernestine, sa gouvernante lui dit :

— J'aurais à faire part de quelque chose à Mademoiselle.

— Qu'est-ce que c'est !

— Madame la baronne a arrêté une femme

de chambre coiffeuse, et une autre femme pour Mademoiselle..., et...

— Je vous ai déjà dit, ma bonne Lainé, que je ne voulais pour mon service particulier, aucune autre personne que vous... et Thérèse.

— Je le sais, Mademoiselle, et je l'ai fait observer à madame la baronne; mais elle craint que vous ne soyez pas suffisamment servie.

— Vous me suffisez parfaitement.

— Madame la baronne a dit que néanmoins ces demoiselles resteraient à l'hôtel, dans le cas où vous en auriez besoin, et cela se trouve d'autant mieux, que madame la baronne a dernièrement renvoyé sa femme de chambre et que ces demoiselles lui serviront en attendant.

— A la bonne heure... — répondit Ernestine avec indifférence.

— Mademoiselle n'a besoin de rien ?

— Non, merci.

— Mademoiselle se trouve toujours bien dans cet appartement?

— Très bien.

— Il est du reste superbe ; mais il n'y a rien de trop beau pour Mademoiselle : c'est ce que tout le monde dit.

— Ma bonne Lainé, — dit Ernestine sans répondre à l'observation de sa gouvernante, — vous me préparerez ce qu'il me faut pour ma toilette de nuit... je me coucherai seule, et vous m'éveillerez demain avant huit heures.

— Oui, Mademoiselle.

Puis, au moment de sortir, madame Lainé reprit, pendant qu'Ernestine ouvrait son secrétaire à écrire :

— J'aurais quelque chose à demander à Mademoiselle.

— Que voulez-vous ?

— Je serais bien reconnaissante à Mademoiselle si elle pouvait avoir la bonté de me donner deux heures demain ou après pour aller voir une de mes parentes, madame Herbaut, qui demeure aux Batignolles.

— Eh bien!... allez-y demain matin... pendant que je serai à l'office.

— Je remercie Mademoiselle de sa bonté.

— Bonsoir, ma bonne Lainé, — dit Ernestine en donnant ainsi congé à sa gouvernante, qui semblait vouloir continuer la conversation.

Cet entretien donne une idée juste des relations qui existaient entre mademoiselle de Beaumesnil et madame Lainé.

Celle-ci avait souvent, en vain, essayé de se familiariser avec sa jeune maîtresse; mais, aux premiers mots de la gouvernante dans cette voie, mademoiselle de Beaumesnil coupait court à l'entretien, jamais avec hauteur ou avec dureté, mais en lui donnant quelque ordre avec une affectueuse bonté.

Après le départ de madame Lainé, Ernestine resta longtemps pensive, puis s'asseyant devant la table où était son nécessaire à écrire, elle l'ouvrit et en tira un petit album relié en cuir de Russie, dont les premiers feuillets étaient déjà remplis.

Rien de plus simple, de plus touchant que l'histoire de cet album.

Lors de son départ pour l'Italie, Ernestine avait promis à sa mère (ainsi que la comtesse l'avait dit à Herminie), de lui écrire chaque jour une espèce de journal de son voyage; à cette promesse, la jeune fille n'avait manqué que pendant les quelques jours qui suivirent la mort inattendue de son père... et pendant les quelques jours non moins affreux qui succédèrent à la nouvelle de la mort de la comtesse de Beaumesnil.

Le premier accablement de la douleur, passé, Ernestine trouva une sorte de pieuse consolation à continuer d'écrire chaque jour à sa mère... se faisant ainsi une illusion à la fois douce et cruelle... en poursuivant ces confidences si touchantes.

La première partie de cet album contenait la copie des lettres écrites par Ernestine à sa mère, du vivant de celle-ci.

La seconde partie... séparée de la première par une croix noire... contenait les lettres que la pauvre enfant n'avait, hélas! pas eu besoin de recopier.

Mademoiselle de Beaumesnil s'assit donc devant la table; après avoir essuyé les larmes que provoquait toujours la vue de cet album rempli pour elle de poignants souvenirs, elle écrivit les lignes suivantes :

« ... Je ne t'ai pas écrit, chère maman,
« depuis mon arrivée chez M. de la Rochai-
« guë, mon tuteur, parce que je voulais
« autant que possible me bien rendre
« compte de mes premières impressions.

« Et puis, tu sais comme je suis : depuis
« que je t'ai quittée, lorsque j'arrive quel-
« que part, je me trouve pendant un jour

« ou deux tout étonnée, presque attristée
« par le changement; il faut que je m'habi-
« tue, pour ainsi dire, à la vue des choses
« dont je suis entourée, pour retrouver ma
« liberté d'esprit...

« L'appartement que j'occupe ici toute
« seule, est si magnifique, si grand,
« qu'hier je m'y regardais comme perdue;...
« cela me faisait presque peur... aujourd'hui
« je commence à m'y habituer.

« Madame de la Rochaiguë, son mari et sa
« sœur m'ont reçue comme leur enfant; ils
« me comblent d'attentions, de prévenan-
« ces, et si l'on pouvait avoir pour un si bon
« accueil, un sentiment autre que celui de
« la reconnaissance, je m'étonnerais de ce
« que des personnes d'un âge si vénérable

« me traitent avec autant de déférence.

« M. de la Rochaiguë, mon tuteur, est la
« bonté même; sa femme, qui me gâte à
« force de tendresse, est très gaie, très ani-
« mée; quant à mademoiselle Héléna, sa
« belle-sœur, je ne crois pas qu'il y ait de
« personne plus douce et plus sainte.

« Tu vois, chère maman, que tu peux
« être rassurée sur le sort de ta pauvre
« Ernestine; entourée de tant de soins, elle
« est aussi heureuse qu'elle peut l'être dé-
« sormais.

« Mon seul désir serait de me voir mieux
« connue de M. de la Rochaiguë et des siens;
« alors sans doute, ils me traiteraient avec
« moins de cérémonie, ils ne me feraient

« plus de ces compliments dont je suis em-
« barrassée, et que l'on se croit sans doute
« obligé de me faire afin de me mettre en
« confiance..... Bons et excellents parents!
« ils s'ingénient chacun de son côté à cher-
« cher ce que l'on peut dire de plus ai-
« mable à une jeune fille. Plus tard, ils ver-
« ront, je l'espère, qu'ils n'avaient pas be-
« soin de me flatter, pour s'assurer de mon
« attachement...... En m'accueillant chez
« eux, on dirait presque qu'ils sont mes
« obligés..... Cela ne m'étonne pas, chère
« maman, combien de fois ne m'as-tu pas
« dit : que les gens délicats semblaient tou-
« jours reconnaissants des services qu'ils
« avaient le bonheur de pouvoir rendre !

« J'ai eu aussi quelques moments péni-

« bles, non par la faute de mon tuteur ou
« de sa famille, mais par une circonstance
« pour ainsi dire forcée.

« Ce matin, un monsieur (*mon notaire*, à ce
« que j'ai appris), m'a été présenté par mon
« tuteur, qui m'a dit :

« — Ma chère pupille, il est bon que vous
« sachiez le chiffre exact de votre fortune, et
« Monsieur va vous en instruire.

« Alors le notaire, ouvrant un registre
« qu'il avait apporté, m'en a fait voir la der-
« nière page toute remplie de chiffres, en
« me disant :

« — Mademoiselle, d'après le relevé exact
« de... (il a ajouté un mot que je ne me rap-

« pelle pas), vos revenus se montent à la
« somme de *trois millions cent vingt mille*
« *francs* environ, ce qui vous fait à peu près
« *huit mille francs* par jour. Rien que cela, —
« a ajouté le notaire en riant, — aussi êtes-
« VOUS LA PLUS RICHE HÉRITIÈRE DE FRANCE.

« Alors, pauvre chère maman, cela m'a
« rappelé ce qu'hélas ! je n'oublie presque
« jamais : que j'étais orpheline... seule au
« monde... et malgré moi j'ai pleuré. »

Ernestine de Beaumesnil s'interrompit d'écrire.

De nouveau ses larmes coulèrent abondamment, car, pour cette tendre et naïve enfant, *l'héritage*... c'était la mort de sa mère, de son père...

Plus calme, elle reprit la plume et continua :

« ..... Et puis, maman, il m'est impossible
« de t'expliquer cela, mais en apprenant que
« j'avais *huit mille francs* par jour, comme
« disait le notaire, j'ai ressenti une grande
« surprise, mêlée presque de crainte.

« Tant d'argent... à moi seule !... pourquoi
« cela ? me disais-je.

« Il me semblait que c'était comme une
« injustice.

« Qu'avais-je fait pour être si riche ?

« Et puis encore ces mots, qui m'avaient
« fait pleurer : *Vous êtes la plus riche héri-*

« tière de France... alors m'effrayaient pres-
« que...

« Oui... je ne sais comment t'expliquer
« cela. Mais en songeant que je possédais
« cette immense fortune, je me sentais in-
« quiète... Il me semble que je devais éprou-
« ver ce qu'éprouvent les gens qui ont un
« trésor et qui tremblent à la pensée des
« dangers qu'ils courraient si on voulait les
« voler.

« Et pourtant... non... cette comparaison
« n'est pas bonne, car je n'ai jamais tenu à
« l'argent que toi et mon père vous me don-
« niez chaque mois pour mes fantaisies...

« Mon Dieu, chère maman, j'analyse mal
« ce que je ressens en pensant *à mes richesses*

« comme ils disent... cela est involontaire et
« inexplicable; peut-être je m'accoutumerai
« à penser autrement.

« En attendant, je suis chez d'excellents
« parents... Qu'ai-je à craindre? c'est un en-
« fantillage de ma part... sans doute... Mais
« à qui dirai-je tout, chère maman, si ce
« n'est à toi? M. de la Rochaiguë et les siens
« sont parfaits pour moi; mais je ne serai
« jamais tout-à-fait en confiance avec eux;
« tu le sais, sauf pour toi et pour mon père,
« j'ai toujours été naturellement très réser-
« vée, et souvent je me reproche de ne pou-
« voir me familiariser davantage avec ma
« bonne Lainé, qui est pourtant à mon ser-
« vice depuis plusieurs années, cette fami-
« liarité m'est impossible; cependant je suis
« loin d'être fière... »

Puis, faisant allusion à l'aversion qu'elle éprouvait pour M. de Maillefort, en suite des calomnies de la dévote, Ernestine ajouta :

« J'ai été cruellement émue, ce soir, mais
« il s'agit d'une chose si indigne... que, par
« respect pour toi, ma chère maman, je ne
« veux pas l'écrire. Et puis, je n'en aurais
« pas, je crois, le courage.

« Bonsoir, chère Maman, demain matin
« et les autres jours j'irai à l'office de neuf
« heures avec mademoiselle de la Rochai-
« guë; elle est si bonne, que je n'ai pas
« voulu la refuser... Cependant mes vraies
« prières, chère et pauvre Maman, sont cel-
« les que je fais dans le recueillement et
« dans la solitude... Demain matin et les

« autres jours, perdue au milieu des indiffé-
« rents, *je prierai pour toi;* mais c'est tou-
« jours lorsque je suis seule, comme à cette
« heure, lorsque toutes mes pensées, toute
« mon âme s'élèvent vers toi, que *je te prie*
« comme on prie Dieu... bonne et sainte
« mère!! »

Après avoir renfermé l'album dans le nécessaire dont elle portait toujours la clé suspendue à son cou, l'orpheline se coucha et s'endormit, le cœur plus calme, plus consolé depuis qu'elle avait épanché ses naïves confidences dans le sein d'une mère... hélas!... alors immortelle.

FIN DU DEUXIÈME VOLUME.

Sceaux, Impr. de E. Dépée.

L'IDIOT

Roman russe

PAR

ŒUVRES D'ALEXANDRE DUMAS.

Monte-Christo	12 vol. in-8
Dame de Monsereau	8 vol. in-8
Les trois mousquetaires	8 vol. in-8
Vingt ans Après	8 vol. in-8
Reine Margot	6 vol. in-8
Ascanio	5 vol. in-8
Impressions de Voyage	5 vol. in-8
Le Speronare	4 vol. in-8
John Davis	4 vol. in-8
Le Corricolo	4 vol. in-8
Georges	3 vol. in-8
Fernande	3 vol. in-8
Le Maître d'Armes	3 vol. in-8
Sylvandire	3 vol. in-8
Nouvelles Impressions de Voyage	3 vol. in-8
Excursions sur les bords du Rhin	3 vol. in-8
Isabel de Bavière	3 vol. in-8
Pauline et Pascal Bruno	2 vol. in-8
Le Capitaine Pamphile	2 vol. in-8
Cécile	2 vol. in-8
Une année à Florence	2 vol. in-8
Le Capitaine Paul	2 vol. in-8
La Villa Palmiéri	2 vol. in-8
Acté	2 vol. in-8
Othon l'archer	1 vol. in-8
Maître Adam le Calabrais	1 vol. in-8
Praxède	1 vol. in-8
Aventures de Lyderic	1 vol. in-8
Jeanne la Pucelle	1 vol. in-8
Filles, Lorettes et Courtisanes	1 vol. in-8

Corbeil, imprimerie de CRÉTÉ.

www.ingramcontent.com/pod-product-compliance
Lightning Source LLC
Chambersburg PA
CBHW071522160426